KB200404

진리가 결론되게 하라

진리가 결론되게 하라

김용의

규장

진리가
결론이 되는 삶

천하에 변할 수 없는 사실이 있다.

진리는 거짓을 두려워하지 않고,
사랑은 배신 때문에 주저하지 않는다.
정의는 여론에 흔들리지 않으며,
평화는 증오에 함몰되지 않는다.

이유가 무엇인가?
모든 선은 악에서 비롯된 것이 아니라,
하나님에게서 나온 것이기 때문이다.
또한 악은 필연적으로 자멸하게 되어 있고,
참된 것은 영원하기 때문이다.

너희 중에 지혜와 총명이 있는 자가 누구냐

그는 선행으로 말미암아 지혜의 온유함으로

그 행함을 보일지니라

그러나 너희 마음속에 독한 시기와 다툼이 있으면

자랑하지 말라

진리를 거슬러 거짓말하지 말라

이러한 지혜는 위로부터 내려온 것이 아니요

땅 위의 것이요 정욕의 것이요 귀신의 것이니

시기와 다툼이 있는 곳에는 혼란과 모든 악한 일이 있음이라

오직 위로부터 난 지혜는 첫째 성결하고

다음에 화평하고 관용하고 양순하며

긍휼과 선한 열매가 가득하고 편견과 거짓이 없나니

화평하게 하는 자들은

화평으로 심어 의의 열매를 거두느니라 약 3:13-18

5

지혜는 무너질 터에 집을 짓지 않고,

견고한 반석 위에 집을 세운다.

헛되고 썩어질 것에 하나밖에 없는 일생을 걸고,

일희일비하는 것보다 더 어리석은 일은 없다.

'영원히 달리 될 수 없는 바로 그것, 참, 진짜.'

그것이 진리라면 감정을 따지고, 형편을 기다릴 일이 아니다.

진리가 결론되게 해야 한다.

영원한 진리 되신 살아 계신 하나님의 말씀에

운명을 걸고 순종하는 길밖에 없다.

존재적 죄인으로 태어나 진리와 상관없는,

죽기에 무서워 일생 종노릇하는 불쌍한 죄인을

이처럼 사랑하사 독생자를 내어주신

하나님의 사랑이 복음 되어

하나님 없는 인생의 비참한 운명에서 건져내시고,

영원히 안전하고 확실한 진리의 길을 걷게 하신 기적으로

오늘 우리가 여기 복 받은 자로 서 있다.

두리번거릴 것 없이 살길을 선택하고,

주저 없이 좁은 길, 좁은 문으로 들어가

진리의 길을 기쁨으로 걷는다.

주의 성령으로!

이 모든 일을 가능케 하신 하나님의 완전한 지혜와 능력!

십자가의 완전한 복음!

더욱이 천하고 약한 질그릇에 보배 되신 그리스도를 담아

하나님의 영광을 드러내게 하신 하나님 우리 아버지….

오직 그 은혜로 그분만을 높이며 경배한다.

모든 것을 가리시고 그분의 이름만이

온 땅에 가득하게 되기를 기도한다!

2014년 10월

김흥비

CONTENTS

PART 01

주여,
고쳐주소서

우리가 머물고 있는 자리에서 아직도 붙들고 있는 죄, 머뭇거리며 떠나지 않고 있는 불순종의 자리가 위기의 자리이며 위험한 순간이라는 사실을 알아야 한다. 죄와 불순종의 자리는 어떤 신학으로 정신통일을 하며 변명해도, 죄를 붙들고 놓지 않으면 거룩하신 하나님이 함께하실 수 없다.

CHAPTER

마지막
기회

해운대 백사장에서 일어난 일

2014년 5월 25일 주일 오후, 바람이 불고 비가 주룩주룩 내리는 부산 해운대 백사장에 4,500여 개 교회의 목회자와 성도 20만 명이 모여 부르짖었다.

"주님! 우리를 도와주세요. 우리를 고쳐주시고 살려주세요. 우리를 하나 되게 해주세요."

부산 성시화운동본부 주관으로 영남권 5개 시도의 성시화운동본부와 기독교총연합회가 공동으로 준비한 이번 행사는 한국 교회가 이대로 가면 안 된다는 위기의식으로 시작되었다.

원래 집회 명칭은 '해운대성령대집회'였는데, 하나님께서 긴급히 방향을 바꿔주서서 '해운대성령대집회 5·25 회개의 날'로 수정했다.

보통의 연합집회와는 다르게 시작부터 회개를 했는데, 주님이 점점 더 강권적으로 주제 자체를 '회개'로 몰아가셨다. 모든 집회 프로그램을 제하고 하나님 앞에 엎드려 살려달라고 부르짖자는 마음으로 진행되었다. 4시간 동안 20만 인파가 비 오는 해운대 백사장에서 울부짖으며 매달렸다.

주는 선하사 사죄하기를 즐거워하시며 주께 부르짖는 자에게 인자함이 후하심이니이다 여호와여 나의 기도에 귀를 기울이시고 내가 간구하는 소리를 들으소서 나의 환난 날에 내가 주께 부르짖으리니 주께서 내게 응답하시리이다 시 86:5-7

나는 우리 사회에서 일어나는 가슴 아픈 일이 모두 우리의 잘못임을 통감하고 진정한 회개와 삶의 변화만이 우리 자신과 교회, 사회와 민족을 살리는 길임을 선포했다.

이어진 합심기도회에서는 특별히 세월호 사고의 유가족과 피해자들을 위해서, 또 북한과의 복음적 평화통일을 위해 기도했다. 그 밤에 애절한 마음으로 울부짖으며 하나님께 매달렸는데, 기도할수록 더욱 절박한 마음이 들었다.

'지금이 하나님의 은혜를 붙들 수 있는 마지막 기회구나.'

비바람이 몰아치는데도 사람들이 자리를 떠나지 않았다. 끝까지 온몸이 젖는 추위를 이기고 하나님께 울부짖으며 함께 기도했다.

'부르짖는 기도가 여기서 끝나면 안 되는데…. 이 회개의 불길이 온 땅을 덮고 타올라야 하는데….'

눈물을 쏟으며 애절하게 부르짖는 회개의 집회를 마친 후 가슴 떨리는 흥분이 가시지 않은 채 그날 밤 늦게 숙소에서 잠들었다.

불타는 화염 가운데서

다음 날 아침, 어제 집회를 주도하신 목회자들과 아침을 함께하며 하나님이 행하신 일들을 나누고 있을 때였다.

"선교사님, 지금 고양 터미널에서 화재가 났어요."

갑작스러운 소식이었다. 그런데 그 현장에 나의 믿음의 동지인 문화행동 아트리 공동체 식구들과 헤브론원형학교(하늘나라의 가치를 분명히 하고 진리에 온전히 반응하는 사람을 세우기 위해 설립된 충남 서산에 위치한 학교, 현재 초등 4학년부터 고등 2학년까지 학생이 있다) 학생들이 있다는 것이다. 청천벽력 같은 일이었다. 절박하고 애절한 마음으로 비가 오는 해운대 백사장에서 '회개'라는 주제로 뜨겁게 나아간 다음 날, 그것도 하나님이 어제 행하신 감사한 일을 잠깐 나누는 순간, 그런 소식이 들려온 것이다. 간절하게 기도하지 않을 수 없었다.

"주님, 살려주세요! 어떻게 할지 모르겠지만, 도와주세요! 우리는 붙들 곳이 없습니다. 믿을 데가 없습니다. 아무도 우리의 피난처가 되어주지 않습니다. 활활 타오르는 불길 속에서 유독가스를 마시며 두려운 마음으로 초조하게 도움을 구하고 있는 그들을 붙잡아주십시오!"

시간이 지나자 사망자들의 소식이 들리고, 숫자가 늘어나기 시작했다. 그러다가 드디어 복음기도 동맹군이 살아 있다는 소식을 듣고 한편으로 안도가 되었다.

주는 포학자의 기세가 성벽을 치는 폭풍과 같을 때에 빈궁한 자의 요새이시며 환난 당한 가난한 자의 요새이시며 폭풍 중의 피난처시며 폭양을 피하는 그늘이 되셨사오니 사 25:4

빈궁한 자의 요새시며 폭풍 중의 피난처 되신 주님을 모시고 아는 우리에게는 희망이 있다. 그렇지만 어찌 그것을 기뻐만 할 수 있겠는가. 모든 것을 불태우는 화염 가운데서 부를 이름이 없는 이들, 당황하고 기막힌 상황에서 어떤 것도 붙들 수 없는 사람들은 어떻게 하겠는가. 현실을 직시하니 마음이 무거워지고 절박함은 더욱 깊어졌다.

이 시대는 평안하지 않다

나는 2010년부터 줄곧 이런 생각을 했다.

'지금은 평안한 때가 아니다. 비명이라도 질러야겠다.'

우리가 피하여 숨을 데가 없다. 우리가 떠나기 싫어서 버티고 있는 자리가 피난처가 될 수 없다. 더구나 우리가 사는 세상이 얼마나 심각한가. 주님의 몸 된 교회에서 비명이라도 질러야겠다고 생각하고 2011년에 "다시 복음 앞에"를 외치기 시작했고, 2013년에 "오직 성경으로" 돌아가자고 외쳤다.

2014년 순회복음집회를 준비하면서 주님이 주신 말씀은 "주는 나의 피난처"였다.

여호와여 내가 주께 부르짖어 말하기를 주는 나의 피난처시요 살아 있는 사람들의 땅에서 나의 분깃이시라 하였나이다 나의 부르짖음을 들으소서 나는 심히 비천하니이다 나를 핍박하는 자들에게서 나를 건지소서 그들은 나보다 강하니이다 내 영혼을 옥에서 이끌어 내사 주의 이름을 감사하게 하소서 주께서 나에게 갚아 주시리니 의인들이 나를 두르리이다 시 142:5-7

오갈 데가 없는 가련한 자와 가난한 자의 성벽이 되어주시고 피난처가 되어주신다는 그 말씀이 심상치 않았다. 포스터를 들고 주요 도시를 순회하던 중에 '세월호 침몰사고'가 일어났다.

가라앉는 배를 향해

한 나라를 이토록 주저앉게 하고 낙담케 하며 무력감에 사로잡히게 한 사건이 또 있을까. 양심이 쥐꼬리만큼이라도 있는 대한민국 국민이라면 도저히 표현할 수 없는 미안함, 아무것도 할 수 없다는 무력감에 사로잡혔다.

'어떤 것도 믿을 것이 없구나. 아무리 둘러봐도 도와줄 이가 없구나. 피할 곳이 어디에도 없구나.'

이것은 지금도 끝나지 않는 현실이다.

우리가 참으로 긴박한 때를 살고 있다는 생각을 지울 수가 없다. 무슨 웅변과 어떤 설득이 이렇게도 생생하고 절박하게 느끼게 하겠는가. 참으로 지금이야말로 절박하고 긴박한 때다.

'아, 이렇게 당하는구나. 노아의 때에 온 인류를 파멸시킬 홍수가 코앞에 닥쳐오는데도 당시 사람들은 절박한 노아의 외침을 무시하고, 방주도 전혀 거들떠보지 않은 채, 먹고 마시고 시집가고 장가가고 사고팔며 생계를 유지하고 있으니 안전하다고 생각했겠구나!'

홍수 전에 노아가 방주에 들어가던 날까지 사람들이 먹고 마시고 장가 들고 시집 가고 있으면서 홍수가 나서 그들을 다 멸하기까지 깨닫지 못하였으니 인자의 임함도 이와 같으리라 마 24:38,39

멸망이 코앞에 닥칠 때까지 어느 누구도 생각하지 못했다. 세월호 사건이 우리를 더욱 안타깝게 만드는 것 가운데 하나는 책임 맡은 사람들의 행동이다. 이미 기울어져서 도피를 시작했다면 더는 희망이 없고, 요행을 바랄 수 없다는 결론이 났다는 것인데, 구명조끼를 입고 기다리라는 안내방송을 했다. 기대할 수 없고 안전하지 않은 상황이라서 자신들이 탈출하면서도 방송을 정정하지 않았다.

"여기는 희망이 없다. 빨리 배에서 탈출해라."

이 말을 외치지 않았다. 백 보 양보해서 선원들이 우리 가족이라 해도 용서할 수 없는 한 가지는 수백 명이 안내방송을 듣고 객실 안에 머물러 있는 것을 알았다면 대단한 의무감, 어마어마한 탈출 프로젝트는 둘째 치고 최소한 인간의 양심으로 외마디라도 외쳐야 하지 않았는가 하는 것이다.

"거기 있으면 죽어!"

그 한 마디만 외쳤더라면 더 많은 생명을 살려낼 수 있었을 텐데…. 선원 중 한 명은 탈출을 시도했다가 자기 방에 스마트폰을 놓고 온 것이 기억나 그걸 가지러 다시 들어갔다. 그런데도 옆방에 "탈출해"라고 외치지 않았다. 스마트폰은 생각이 나는데 죽어가는 사람들은 생각이 안 나는 그 기막힌 상황!

선원이 아니라도, 거룩한 사명감을 제외하고도 인간의 기본 양심으로 '빨리 탈출하라' 이 한 마디만 외치고 들려줬더라면 한 명의 생명이라도 더 살려낼 수 있었을 것이다. 그 기막힌 결과가 아직도 끝나지 않은 상태로 온 국민의 가슴에 비참함과 미안함, 죄책감과 패배감, 무력감을 고스란히 남겨두었다.

절박한 마음으로 외치다

2014년 주제는 "주는 나의 피난처"로 정하고 전국 여섯 개 도시를 순회하며 집회를 열었다. 그리고 마지막 도시인 서울을 남겨둔 채로 해운대 집회에 가게 되었다. 으레 말씀을 부탁받았으니 '그런가보다' 하고 있다가 준비위원회에서 강사인 나에게 보낸 소개지를 보다가 세월호 사건이 함께 겹쳐지면서 절박하고 애절한 마음이 생겼다.

'비명이라도 질러야 되겠다.'

기가 막힌 마음으로 비가 쏟아지는 백사장에서 엄마 찾는 아이처럼 하나님께 부르짖는 성도들을 강단에서 바라보니 목이 메었다.

'하나님, 우리는 오갈 데가 없습니다.'

설교 원고가 빗물에 젖었다. 하지만 외쳐야 할 메시지는 너무도 분명했다.

"우리가 여기 모인 건 가슴 벅찬 비전을 나누기 위함도 아니요, 화려한 축제 때문도 아닙니다. 절박하고 비장한 간절함이 한마음이 된 회개라는 주제로, 한국전쟁 중에 부산만 남은 그때에 남겨진 성도들의 기도처럼, 이제 밀려나면 바다밖에 없는 해운대 백사장에 무릎을

끓었던 그 절박한 마음으로, 살려달라고 외치기 위해 모였습니다!"

더는 갈 곳 없는 땅끝 백사장에서 무너져가는 민족의 운명을 붙잡고 외쳤다. 그 전까지 전국 여섯 개 지역을 돌면서 주님이 우리의 피난처라는 내용을 전할 때도 이렇게 절박하진 않았다. 그런데 연속되는 사건들을 보면서 주님이 내 마음을 책망하셨다. 절박하다고 얘기하는 내 심령이 얼마나 여유로웠는지 보여주셨다.

하나님께서 우리의 마음 안에 성령을 부으셔서 유일한 소망인 회개를 부어주길 원하신다는 것을 느꼈다.

그러하온즉 우리 하나님이여 지금 주의 종의 기도와 간구를 들으시고 주를 위하여 주의 얼굴 빛을 주의 황폐한 성소에 비추시옵소서 나의 하나님이여 귀를 기울여 들으시며 눈을 떠서 우리의 황폐한 상황과 주의 이름으로 일컫는 성을 보옵소서 우리가 주 앞에 간구하옵는 것은 우리의 공의를 의지하여 하는 것이 아니요 주의 큰 긍휼을 의지하여 함이니이다 주여 들으소서 주여 용서하소서 주여 귀를 기울이시고 행하소서 지체하지 마옵소서 나의 하나님이여 주 자신을 위하여 하시옵소서 이는 주의 성과 주의 백성이 주의 이름으로 일컫는 바 됨이니이다 단 9:17-19

회개란 무엇인가

하나님께서 '회개'라는 주제로 우리 심령을 만지시며 주님 앞으로 이끌기를 원하신다.

그렇다면 먼저, 회개라는 말의 의미부터 살펴보자. 회개는 정신 만족이나 열광적인 종교적 체험이 아니다. 험하고 먼 길이며 대가 지불이 필요하다. 죽어도 못 떠날 것만 같은 익숙한 터를 떠나는 것이며, 끈적끈적한 탐욕의 맛을 끊는 것이다. 멋지게 위장한 외식의 가면을 벗어던지고, 깊은 병이 되어버린 자아 사랑의 자리를 털고 일어나는 것이다. 그리하여 가련한 죄인의 실상을 숨김없이 드러내며, 두려우시고 살아 계신 하나님 앞에 긍휼을 구하고 엎드러지는 것이다.

회개는 쉽고 유익하며 좋기 때문에 선택하는 게 아니다. 살려면 그 길밖에 없기에, 힘들고 죽을 것 같고 아무리 멀게 느껴지고 불가능한 것 같아도 구명줄을 잡듯이 그 길을 붙들 수밖에 없는 것이 회개다.

우리는 너무도 배부르고 한가하게 살아 계신 하나님 앞에 나간 신앙을 이야기했다. 소비자 중심으로 변질시킨 복음과 돌이킴 없는 부흥을 노래했다. 교회가 잘 안 되고 예배가 팍팍하며 전도가 안 되니까 여러 가지 방법을 동원하고 세미나를 했다. 심지어 회개도 부흥의 수단으로 생각했다.

'회개 좀 해보면 부흥 안 되겠나.'

그러나 돌이킴 없는 부흥은 있을 수 없다. 복음을 말해도 회개 없는 용서란 '사기'다. 예배당에 나온 죄인들이 장로와 집사라는 계급 장을 달고 폼을 잡으며, 취향 따라 하는 회개 흉내는 저질 코미디보다 못하다.

죄인이 크고 두려우신 하나님 앞에, 영원한 심판 앞에 자신의 실존을 깨닫고 살려달라고 목숨 걸고 매달리는 게 안 느껴진다.

"회개가 잘 안 되네요. 나중에 시간 되면 다시 해볼게요."

"알겠습니다. 하도 믿어달라고 하시니 믿어보겠습니다."

"나는 이렇게 유명한 사람인데 교회에 나왔습니다."

자기 취향 따라 하는 회개는 정말 저질스러운 행위다. 하나님의 부흥이 있었고, 거룩한 영광이 있었던 2000년 전 오순절 날 성령께서 역사하시니 "헌금이 많이 나왔다"라는 말은 없었다. "사람들이 대단히 열광적이었다"라는 말도 없었다.

아주 분명하고 확실한 죄인들의 반응이 성경에 명확히 기록되어 있다. 하나님의 메시지가 그들의 심령에 찔리니, 거룩한 하나님 앞에서 그들의 죄악이 무슨 죄를 저질렀는지 깨닫게 되니까 삼천 명이 회개하며 외친 말은 다른 말이 아니었다.

그들이 이 말을 듣고 마음에 찔려 베드로와 다른 사도들에게 물어 이르되 형제들아 우리가 어찌할꼬 하거늘 ^행 2:37

회개란 결코 쉬운 길이 아니다

진정으로 회개하며 두려워 떠는 자들은 이렇게 외친다.

"우리가 하나님을 대적했구나! 우리가 하나님의 아들을 십자가에 처형했구나! 지옥 갈 짓을 했구나! 파멸이구나! 우리가 어찌 두려우신 하나님 앞에 용서받을 수 있을까!"

복음은 단호히 그들을 향해 이렇게 외친다.

"회개하고 주 예수를 믿으라!"

느껴지거든 회개하라는 것이 아니다! 감동이 일어나고, 할 만하면 하라는 것이 아니다. 엄청난 대가가 지불되는 일이었다. 우리는 하나님 앞에서 진실한 기도를 해야 한다.

"우리는 영원히 지옥불에 던져지기에 조금도 부족함이 없는 자들입니다."

이것이 오순절에 드린 기도의 실체였고, 우리가 몸담고 있는 신약교회의 시작이었다.

영국의 부흥운동을 일으킨 존 웨슬리와 조지 휫필드의 특징은 하나님의 말씀을 가감없이 선포했다는 것이다. 그때 사람들이 성전 기둥을 붙잡고 죄인으로서 하나님의 진노에 버들버들 떨며 소리지르며 대성통곡하고 임재의 두려움 앞에 떨면서 그들의 삶을 돌이켰다. 그 결과 술집이 성경클럽이 되고, 탄광에서 욕을 쏟아내던 광부의 변화된 모습을 탄광 당나귀들이 느낄 정도였다. 회개는 감상이 아니며,

종교적 도취가 아니다.

'집회가 잘 끝났다. 그런데 아무 일도 없었다.'

이것은 성경이 말하는 회개와는 거리가 멀다. 한국의 제2 오순절이라고 말하는 1907년 장대현교회에서 일어난 부흥의 특징은 회개였다. 외국인 선교사가 먼저 발가벗듯이, 심령을 때리는 성령의 책망 앞에 고꾸라졌다. 그리고 우리나라 지도자 중에서는 길선주 장로가 강단에서 그의 죄악을 토설하며 통곡했다.

"이 죄인이 하나님의 부흥을 가로막았습니다. 주님, 용서하시고, 살려주옵소서!"

그러자 청중 안에 회개의 영이 부어져 하나님 앞에 엎어지기 시작했는데, 막을 길이 없었다. 회개는 배부른 흥정에서 선택하는 길이 아니다. 살려달라고 부르짖는 유일한 길이 회개다.

당신이 있는 자리는 어디인가?

회개는 '돌이키는 것'이다. 있지 말아야 할 자리, 가지 말아야 할 길, 하지 말아야 할 짓에서 떠나고 돌이키는 것이 회개다. 회개는 후회하거나 자책하는 따위의 감정만이 아니다. 인류의 시조 아담이 범죄했을 때 주님의 음성이 들렸다.

"아담아, 어디 있느냐!"

아담은 그때 결코 있어서는 안 될 죄악의 자리, 타락과 반역의 자리, 지체해서도 안 되고 결코 머물러서도 안 되는 멸망의 자리에 있었다. 회개는 불타는 곳에서 필사의 탈출처럼, 침몰하는 배에서 뛰어내리듯이 죄악의 길에서 벗어나는 것이다. 하나님을 불순종하는 반역의 길에서 떠나야 하는 것이다. 음란, 부정, 탐욕, 악한 정욕, 게으름, 우상숭배의 자리에서 지체하지 말고 돌이켜야 한다.

> 회개하라 천국이 가까이 왔느니라 하였으니…그러므로 회개에 합당한 열매를 맺고 마 3:2,8

> 이 세상이나 세상에 있는 것들을 사랑하지 말라 누구든지 세상을 사랑하면 아버지의 사랑이 그 안에 있지 아니하니 이는 세상에 있는 모든 것이 육신의 정욕과 안목의 정욕과 이생의 자랑이니 다 아버지께로부터 온 것이 아니요 세상으로부터 온 것이라 요일 2:15,16

하나님을 불순종하는 반역의 길, 세상의 정욕, 이생의 자랑, 안목의 정욕 등 내가 원하는 익숙한 자리, 내가 주무르고 있는 죄의 자리를 벗어나야 한다. 망할 짓, 벼락 맞을 짓인 줄 뻔히 알고, 하나님을 모독하는 자리인 줄 알면서도 이렇게 말하는 사람이 있다.

"한 번만 더, 언젠가는 나도 회개하겠지."

"인간이란 어쩔 수 없어. 다 옳고 백 번 지당한 말씀이지만 그렇게 사는 사람이 어디 있어? 그건 극단적으로 믿는 거야. 인간으로 살면서 어떻게 그렇게 살 수 있겠어?"

"어떻게 되겠지, 뭐. 꼭 그걸 해야 돼? 하나님은 사랑이시라는데."

이렇게 자기변명과 합리화로 병든 영혼을 숨긴 채 성직으로 위안하고, 직분으로 감싼다.

'내가 그래도 목사이고 선교사잖아.'

'나는 장로잖아.'

'날마다 신앙고백을 하고 선행을 베풀고 있으니, 아주 안 믿는 건 아니잖아.'

'나는 완전 속죄의 교리를 믿어. 한번 믿으면 영원히 천국에 가는 거니까.'

어쭙잖게 배운 신앙 나부랭이로 경건의 모습을 유지한다. 예배 의식과 교회 봉사에 자신의 모습을 합리화로 위장하고 살아가는 우리의 모습을 직시해야 한다. 엄청난 복음의 지식, 많은 세미나와 집회를 통해 듣고 알지만 그게 능력이나 실제가 되지 못하고 있다. 무기력한 복음이요, 서류 보관용 복음이요, 맥빠진 복음이요, 죄책감 쓰레기 하치장 정도로 복음을 이용하고 있다.

'네가 어디 있느냐?'

예배당과 현실의 삶이 전혀 일치하지 않는데도, 골치 아픈 이야기라고 여기며 직면하지 않으려고 하는 바로 당신에게 주님이 다가와 물으신다.

'사랑하는 아들아, 네가 지금 있는 그 자리가 안전하니? 내가 진정 원하는 자리니?'

이렇게 물으실 때 당당하고 확신 있게 하나님 앞에 당신의 낯을 들어 말할 수 있는가?

'네, 주님. 저는 안전한 곳에 있어요.'

정말인가?

지금 살고 있는 삶 정도면 괜찮은가?

지금 걷고 있는 그 길에서 주님을 만나도 괜찮은가?

남과 비교하여 이 정도 열심이면 괜찮은가?

우리 교회가 그래도 다른 교회보다는 건전하다고 자부하면 위안이 되는가?

내 모습이면 정말 충분하고 안전한가?

우리가 머물고 있는 자리에서 아직도 붙들고 있는 죄, 머뭇거리며 떠나지 않고 있는 불순종의 자리가 위기의 자리이며 위험한 순간이라는 사실을 알아야 한다. 죄와 불순종의 자리는 어떤 신학으로 정신통일을 하며 변명해도, 죄를 붙들고 놓지 않으면 거룩하신 하나님이 함께하실 수 없다.

나더러 주여 주여 하는 자마다 다 천국에 들어갈 것이 아니요 다만 하늘에 계신 내 아버지의 뜻대로 행하는 자라야 들어가리라 그날에 많은 사람이 나더러 이르되 주여 주여 우리가 주의 이름으로 선지자 노릇 하며 주의 이름으로 귀신을 쫓아내며 주의 이름으로 많은 권능을 행하지 아니하였나이까 하리니 그때에 내가 그들에게 밝히 말하되 내가 너희를 도무지 알지 못하니 불법을 행하는 자들아 내게서 떠나가라 하리라 마 7:21-23

강단에서 능력 있는 설교를 하고 기독교계의 유명인사가 되며, 스스로 감동할 만한 종교적 행위를 하면서 나름대로 은혜도 받지만 여전히 놓지 않는 불법이 있다면, 주님이 말씀하시는 준엄한 심판의 말씀을 듣게 된다.

"불법을 행하는 자야, 떠나가라!"

탐욕의 자리에서 떠나라

성경은 우리에게 이렇게 말한다.

여호와의 손이 짧아 구원하지 못하심도 아니요 귀가 둔하여 듣지 못하심도 아니라 오직 너희 죄악이 너희와 너희 하나님 사이를 갈라놓았고 너희 죄가 그의 얼굴을 가리어서 너희에게서 듣지 않으시게 함이니라 사 59:1,2

싸구려 복음주의가 회개 없는 용서를 말하고 하나님의 사랑을 말하면서, 죄를 떠나지 않고도 축복과 성공과 번영을 약속하여 자신이 원하는 욕망을 믿게 만든다. 진리를 믿는 게 아니라 자신의 탐욕을 믿는 자리에 머물러 있다면 기억하라.

"거기는 결코 안전한 자리가 아니다! 위험한 자리다."

침몰하는 배, 세월호 안에 타고 있던 사람들이 무슨 말 때문에 죽었는가?

"구명복을 입고 배 안에서 기다려주십시오."

사실을 사실대로 전해줘야 어떤 대책이든 세울 수 있다.

"그렇게 살면 죽습니다! 그러면 하나님이 함께하실 수 없습니다!"

뒤집어지는 배를 괜찮다고 하고 안전하니 거기서 기다리라고 하면, 구명복을 입고도 죽임 당하는 어처구니없는 일이 생긴다. 배가 통째로 뒤집어지면 구명조끼가 아무런 도움이 되지 않는다.

"나는 예수님을 영접했고, 교회에 다니니까 괜찮아."

이렇게 방심해서는 안 된다. 죄를 잘라내지 않고 자신이 원하는 바를 믿으면, 결코 하나님께서 원하는 자리에 설 수 없다. 진리를 믿지 않고 여전히 자신이 원하는 바를 믿는 사람들에게 성경은 이렇게 경고한다.

　육체의 일은 분명하니 곧 음행과 더러운 것과 호색과 우상숭배와 주

술과 원수 맺는 것과 분쟁과 시기와 분냄과 당 짓는 것과 분열함과 이단과 투기와 술 취함과 방탕함과 또 그와 같은 것들이라 전에 너희에게 경계한 것같이 경계하노니 이런 일을 하는 자들은 하나님의 나라를 유업으로 받지 못할 것이요 갈 5:19-21

육체의 일을 일삼는 죄인이 돌이키지 않으면 하나님나라를 유업으로 받을 수 없다.

당신은 안전하지 않다

죄와 불순종의 자리는 결코 안전한 자리가 아니다. 그것은 지옥의 썩은 뚜껑을 밟고 위험천만한 장난을 하는 것과 다름이 없다. 기적의 현장에 참여했던 아간이 여리고의 금은보석과 시날산 코트에 눈이 멀어 손을 댔다. 준엄한 하나님의 명령에 코웃음을 친 결과, 그 가족이 무서운 하나님의 진노의 심판을 받아 돌에 맞아 죽임을 당했다.

이스라엘 자손들이 온전히 바친 물건으로 말미암아 범죄하였으니 이는 유다 지파 세라의 증손 삽디의 손자 갈미의 아들 아간이 온전히 바친 물건을 가졌음이라 여호와께서 이스라엘 자손들에게 진노하시니라…여호수아가 이르되 네가 어찌하여 우리를 괴롭게 하였느냐 여호와께서 오늘 너를 괴롭게 하시리라 하니 온 이스라엘이 그를 돌로 치고 물건들도 돌로 치고 불사르고 수 7:1,25

또한 하나님 음성을 직접 들었던 발람이 욕심에 눈이 멀어 발락의 말대로 하나님의 음성을 듣는 은사를 이용하다가 지옥에 간, 대표주자가 되었다.

그러나 네게 두어 가지 책망할 것이 있나니 거기 네게 발람의 교훈을 지키는 자들이 있도다 발람이 발락을 가르쳐 이스라엘 자손 앞에 걸림돌을 놓아 우상의 제물을 먹게 하였고 또 행음하게 하였느니라 계 2:14

종교 가면무도회를 하는 것, 이것은 얼마나 무섭고 겁 없는 짓인지 모른다. 교회가 교회다워야 하는 것은 선택사항이 아니다! 성도가 성도답고, 선교사가 선교사다워야 하는 것은 진리 앞에 다른 선택이 없는 유일한 길이다.

믿는다고 말하고 주를 위해 헌신한다고 말하면서도 마치 하나님이 안 계신 것처럼 겁 없는 짓을 하는 무서운 일이 벌어지고 있다. 우리는 성(性)과 술에 중독된 성직자 얘기를 어렵지 않게 듣는다. 정통 교단에서 안수받고 목회하는 가운데, 눈에 뵈는 게 없으니까 오만한 죄악을 저지르며 주의 이름을 팔아 밥벌이하는 사람들이 있다.

영적 문둥병, 영적 에이즈(AIDS), 영적 암에 걸렸으나 여전히 자신이 고백한 말을 한 번도 믿은 적 없는 실존적 무신론자들이 교회 안에 가득하다. 하나님을 눈곱만큼도 두려워하지 않는 교회와 교인이 넘쳐난다.

교단 총회, 교회 당회에서 싸움질을 벌여 온 세상의 조롱거리가 된 채로 지금도 하나님의 이름과 성경책을 들먹이는 사람이 있고, 위층과 아래층에 거하며 서로 재판 중인 교회가 있다. 크고 두려우신 하나님 앞에서 간이 배 밖으로 나온 행동을 서슴없이 행하고 있다. 성도도 마찬가지다. 하나님의 이름을 부르고 기도한다는 사람들이 전혀 겁이 없다. 하나님의 살아 계심을 신학적으로 동의하고 신앙고백을 하면서도 이렇게 말한다.

"하나님이 두렵긴 한데 죄가 버려지지 않아요."

"하고 싶은 건 해야지 끊어지지 않습니다."

이게 가능한 일인가? 조금이라도 힘이 센 사람 앞에서는 아무 말도 못하는 사람들이 하나님 앞에선 이토록 겁이 없다. 괴물 같은 교인들이 예배당에 가득하다. 이는 결코 안전한 길이 아니다.

내 심령을 고치소서

우리는 울부짖어야 한다.

'오, 주님! 이 죽을 병을 고쳐주시고 미친 길에서 떠나게 하소서! 입으로는 주를 믿는다고 말하면서 실존적으로는 무신론자처럼 사는 저를 고쳐주소서. 세상에서는 성냥개비 하나에도 무서워 떨면서, 정작 문둥병에 걸린 것을 모르는 제 심령을 고쳐주소서. 사람이 눈 뜨고 있는 곳에서도 하나님에 대한 두려움 없이 행동하는 것을 고쳐 주소서!'

이것은 한 개인의 회개 내용이 아니다. 시퍼렇게 눈뜨고 있는 1천만 기독교인을 가졌다고 자랑하는 대한민국이 자살, 낙태, 살인, 폭행, 성적 부도덕을 저지르고 있다. 아이부터 어른까지 더럽고 음란한 이 세대를 어찌 안전하다고 할 수 있겠는가?

자살률이 세계 1위, 이혼률이 세계 1위, 다음 세대가 통째로 방황하고 있다는 말이 곳곳에서 들려온 지 십수 년 전이다. 주일학교가 무너지고, 교인들의 도덕적 삶이 무너져 세상에서 소금과 빛의 역할을 감당하지 못하는 것이 교회의 현실이다. 세계에서 제일 큰 예배당과 신학교가 있고, 아직도 수많은 사람들이 헌금을 내니까 안전하다고 착각하지만 기가 막힌 위기에 서 있는 것이다.

'오, 하나님! 우리가 서 있는 자리가 안전한 자리입니까?'

지금 있는 그 자리에서 주님을 만나도 괜찮은가?

영적인 삶이 그 정도면 되겠는가?

기도 한 번 안 하면서도 건강관리를 잘하니 괜찮은가?

당신의 육체를 어디까지 쓸 수 있을 것 같은가?

직장과 사업이 괜찮은가?

지금 연애하고 기분 좋은 때를 지나고 있으니 괜찮은가?

'주님, 고쳐주소서!'

회개란 후회하고 자책하는 게 아니라 돌이키는 것이다.

잠깐 은혜 받고 아무것도 없는 게 아니다.

집회 한 번 하고 아무것도 아닌 것이 아니다.

더도 덜도 아닌 돌이키는 것이다.

02
CHAPTER

죄인에게 주어진
유일한 희망

하나님의 마지막 자비

회개라는 단어는 무겁고 인기 없는 주제인가? 그렇지 않다. 멸망할 죄인에게 주어진 유일한 희망이 바로 회개다.

탕자에게 돌아갈 아버지의 집이 있고, 위기의 야곱에게 벧엘이 있으며, 부지중에 살인을 저지른 자가 자신을 죽이려는 보수자의 손을 피해서 죽기살기로 달려갈 도피성이 있는 것과 같다.

너희를 위하여 성읍을 도피성으로 정하여 부지중에 살인한 자가 그리로 피하게 하라 민 35:11

영원히 멸망당할 죄인이 어느 때라도 달려가면 피할 수 있는 십자가가 있는 것처럼 죄인의 유일한 희망은 회개다. 파멸의 막다른 골목, 돌이킬 길도 돌아갈 길도 없는 심판에 다다른 곳에서 하나님의 마지막 자비가 주어지는 것이 바로 회개이다.

죄인의 유일한 소망은 첫째도, 둘째도, 셋째도 회개다.

"회개하라! 천국이 가까이 왔느니라!"

돌아갈 피난처가 있을 때 우리의 소망은 여전히 존재한다. 회개는 주님이 우리에게 허락하신 유일한 소망이다. 그러므로 성경 진리가 밝혀준 인류는 두 가지밖에 없다. 첫 번째는 회개하여 구원 얻은 죄인, 두 번째는 회개 없이 멸망하고 심판받은 죄인이다. 이 땅에 태어난 모든 사람이 다 죄인인 것은 동일한데 운명은 두 가지로 갈라진다. 회개한 자와 회개를 거절한 자. 그 외의 인간은 없다. 회개가 필요치 않은 의인은 아무도 없다.

기록된 바 의인은 없나니 하나도 없으며 롬 3:10

죄인에게 주어진 유일한 희망인 회개는 위기와 혼돈의 마지막 시대, 절박하고 긴박한 이 시대에 반드시 필요하다. 그래서 나는 줄곧 이렇게 외쳐왔다.

"다시 복음 앞에, 오직 성경으로."

그런데 그 정도 수준이 아닌, 구체적인 말을 해야 되는 긴박한 때가 되었다.

빨리 벗어나라!

빨리 떠나라!

빨리 돌이켜라!

얼른 피난처로 달려가라!

인류의 운명을 결정하는 것

살아야 하고, 살기 위해서는 죄에서 벗어나야 한다! 인류를 두 운명으로 가르는 이 놀라운 진리가 바로 회개다. 이 사실을 가르쳐준 것이 역사 속의 이스라엘 백성이었다.

세계가 다 내게 속하였나니 너희가 내 말을 잘 듣고 내 언약을 지키면 너희는 모든 민족 중에서 내 소유가 되겠고 너희가 내게 대하여 제사장 나라가 되며 거룩한 백성이 되리라 너는 이 말을 이스라엘 자손에게 전할지니라 출 19:5,6

그들은 거룩하고 특별한 소명을 받은 백성이었다. 회개가 똑같은 죄인에게 주신 유일한 소망인지를 역사 속에 뚜렷이 증명하고 드러내도록 선택받은 민족이었다. 이스라엘 백성은 크고 두려우신 분, 인자를 베푸시는 하나님께 특별한 선택을 받았다. 하나님의 기적적인 구출을 받고 출애굽하여 한 나라를 세웠다.

수백 년의 시간 동안, 하나님의 백성이 하나님을 배반하고 불순종하여 죄짓다가 결국 구약성경이 끝날 무렵에는 하나님의 징계로 바벨론에게 패망하는 일이 벌어진다. 이것이 구약의 주인공으로 세움받았던 이스라엘의 운명이었다.

이스라엘이 망한 이유는 주변의 강력한 열강들, 즉 바벨론, 앗수르, 애굽 등의 군사적인 침입 때문이 아니다. 엎어지고 자빠지고 비틀거리고 하나님의 말씀 앞에서 순종하지 못한 연약함 때문도 아니다. 조금 조심스런 말이지만, 온전히 그들의 죄 때문도 아니었다.

아담에게서 태어나 죄에서 자유롭거나 양심에 하나도 거리낌 없이 살 수 있는 자는 아무도 없다. 이스라엘도 예외가 아니었다. 성경이 주어졌고 그들에게는 선지자와 율법이 있었다. 하나님의 율법을 모르는 백성들은 몰라서 망했지만, 율법을 알고 모든 것을 가졌던 이스라엘은 그것을 지킬 능력이 없어서 망했다. 죄를 짓는 것 외에는 어쩔 수 없는 결론이다. 그러니 오해의 소지가 있지만 죄 때문에 망했다고 하긴 그렇다.

개인과 인류가 당한 어떤 비극보다 한 인생과 국가가 맞이하는 가장 큰 비극은 살아 계셔서 이 역사를 주관하시는 하나님을 떠난 것, 그분의 계명을 버린 것이다. 죄인일 수밖에 없는 인생들에게 하나님께서 마지막 자비의 문을 열어두셨다. 그게 바로 회개였다. 그러니까 이스라엘이 망한 이유를 한 가지로 분명하게 이야기하면 열강도 그들의 연약함도, 심지어 죄도 아니라 멸망 직전까지 회개를 거절하였기 때문이다.

"네 힘으로는 안 된다! 악행을 버리고 하나님 없는 비극의 자리를 떠나서 내게로 회개하고 돌이키라."

이 비극의 절망 중에서 유일하게 열어둔 소망의 문이 바로 살아 계신 하나님을 알고 돌이키는 회개였음을 기억해야 한다.

성경에 나타난 회개 사건

회개가 죄인에게 주어진 유일한 희망이라는 이유를 누구보다 역사 속에서 생생히 경험했던 사람이 다니엘이다. 예레미야와 함께한 선지자들이 계속 회개를 외쳤다. 끝까지 사랑하신 하나님이 도저히 받아들일 수 없을 만큼, 악한 죄를 저지르는 백성에게 선지자를 통해 외치신 말씀이 있다.

"너희 죄를 다 알고 반역을 알지만 회개하고 돌아오라. 스스로 걸어갈 힘이 없을 때는 내가 너희를 안고 걸어가리라. 만약 너희가 벗어날 수가 없다면 내 이름을 부르기만 해라. 그럼 내가 너희를 건져내리라."

주님은 선지자들을 보내서 끊임없이 회개할 것을 촉구했다. 그렇지만 그들은 선지자를 돌로 때려죽이고 톱으로 켜죽이고 구덩이에 던져버리고 배척했다. 마지막 회개의 문을 걸어차고 스스로 멸망의 문을 향해 걸어간 이스라엘은 '회개를 걸어찬 죄'로 망했다.

이스라엘 국가의 역사는 부국강성 태평천하 어느 때에도 그들에게 안정감이 되지 못했다. 국력도 경제력도 주변 국가의 시대적 상황도 그들에게 안정감이 되지 못했다. 죄짓고 타락하면 망하고 얻어맞는 멸망의 길로 가는 방법밖에 없다. 환경, 상황, 조건은 결코 우리에게 안전한 피난처가 될 수 없다.

한국도 순식간에 망할 수 있다. 우리는 아주 무서운 경고를 받았다. 예기치 않은 사건이 나라 하나를 망쳐놓을 수 있지 않은가? 이런 진리가 사실이라면 죄 중에 가장 무서운 것은 그 시대 하나님의 이름을 빙자한 (회개를 가로막은) 거짓 선지자였다. 그들이 한 말이 최고의 저주였다.

눈물의 선지자, 예레미야의 민족을 위한 회개

이스라엘이 망할 짓을 버리지 않고 끝까지 회개를 거절하다가 세 번에 걸친 바벨론 포로로 완벽하게 망해가는 과정에 눈물의 선지자로 알려진 예레미야가 나온다.

그는 눈물로 인해 눈이 상했다. 그의 영혼의 탄식이 애가로 전해지고 있다. 그는 멸망해가는 민족의 운명을 가슴에 안고 통곡하다 죽은 사람이다. 그의 삶은 고난 자체였다. 누구에게도 환영받지 못했고 위로받지 못했다. 그는 끝까지 멸망을 향해 가는 이스라엘 백성들에게 말했다.

> 선지자 예레미야가 유다의 모든 백성과 예루살렘의 모든 주민에게 말하여 이르되 유다의 왕 아몬의 아들 요시야 왕 열셋째 해부터 오늘까지 이십삼 년 동안 여호와의 말씀이 내게 임하기로 내가 너희에게 꾸준히 일렀으나 너희가 순종하지 아니하였느니라 렘 25:2,3

주님은 끝까지 그 백성을 사랑하신다. 죄악에 길들여진 불쌍한 죄인들을 상대로 거짓 평안과 행복의 예언으로 성업중인 종교, 하나님의 이름으로 교권을 이용하여 참 선지자들을 대적하고 투옥하며 매질하고, 하나님의 이름을 빙자하여 어리석은 성도들을 간음과 패역의 길로 재촉하는 자가 있었다. 이방 땅에 끌려간 뒤에도 그들의 악행은 끝나지 않고 끝내 백성들의 회개를 가로막는 천하의 저주가 되는 인간들이 그 당시 '종교 지도자들'이었다.

멸망당한 이스라엘 백성들을 회개 없는 파멸로 이끈 거짓 선지자들이 있었다. 예레미야의 말을 함께 외쳤어야 했거늘, 오히려 하나님을 두려워하지 않고 거짓 예언을 했다. 성직자가 밤이 되면 온갖 더러운 짓을 일삼았다. 주님께서 이를 성경에 공개해놓으셨다.

왕의 측근 종교 지도자인 하나냐는 왕 앞에서 예언하는 예레미야를 비웃고 조롱했다. 하나냐와 아합, 시드기야, 스마야 등은 도를 넘는 불경건을 저질렀다. 하나님을 눈곱만큼도 두려워하지 않는 불한당들이었다. 하나냐는 결국 두 달 뒤에 즉사했다. 시드기야와 아합은 저주의 대명사가 되었다.

중세 교회의 회개

이스라엘 백성들을 회개 없는 파멸로 이끈 거짓 선지자들을 성경과 역사가 고발했다. 신약의 교회가 거룩한 복음으로 온 세상에 퍼지다 중세에 와서는 가장 큰 교회 가톨릭이 멸망한 이스라엘과 유다의 길로 걷기 시작했다. 중세는 교회가 전권을 쥐고 있을 때였다. 교회는 하나님의 말씀을 읽지 못하게 했다. 종교 권력을 극대화하여 황제보다 높은 교황을 만들고, 성직을 매매하며 외향과 의식만 남겨놓고 썩은 냄새가 진동하는 종교가 되었다.

십자가를 걸어놓고 돈에 미쳐 교황이 교회 이름을 팔고 백성을 속였다. 은전 한 닢을 헌금함에 넣으면 죽은 조상들이 천국으로 간다고 하며 면죄부를 팔았다. 교황이 여러 명의 부인을 거느리고, 신부들이 사생아를 낳아서 수도원에 아이들의 뼈를 묻었다. 십자가를 앞세우고 예수 이름으로 포장했지만 우상숭배를 했던 실존적 무신론자들이 교회의 권력을 쥐고 있었다.

갈 곳 없는 막다른 어둠의 끝에서, 몇몇 사람들이 살아 계신 하나님, 피난처 되신 주님 앞에 나아가 진리를 선포하다가 죽음을 당했다. 그들은 교회에서 유일한 소망을 발견했다. 십자가의 복음으로 돌아가는 것이었다. 개혁을 이끌었던 개혁자들은 분명한 진리, 너무도 완전한 주님의 진리를 도로 찾기 위해 다섯 가지 강령을 외쳤다.

오직 성경!

오직 은혜!

오직 믿음!

오직 그리스도!

오직 하나님께 영광!

그들은 이 5대 절대 진리를 선포했다. 혼란스러웠던 암흑시대에 백성들을 오직 성경, 오직 은혜와 믿음으로만 구원받아 하나님께 영광 돌리는 절대 진리로 이끌었다.

인간의 공덕이나 성자들의 공력을 힘입는 변질된 복음이 아닌, 신앙의 중심인 십자가 복음으로 이끌고 살아 계신 하나님께로 돌이켰다. 이 복음은 천지를 창조하셔서 지금도 역사를 이끌고 계신 역사의 주인이시며 심판주이신 하나님의 유일한 말씀이다. 이러한 사실을 믿는 이들이 개혁주의자들이었다. 개신교는 바로 개혁주의자들의 신앙을 이어받은 사람들이라는 의미이다.

중세의 개혁자들은 그들이 오직 진리라고 주장한 하나님의 말씀

때문에 죽음을 당했다. 진리를 위해 수천만 명이 죽었다. 성경이 말하는 분명한 사실 한 가지는 거듭남이 없이는 절대 하늘나라에 들어갈 수 없다는 것이다. 우리가 아는 복음은 '거듭남 없이는 하늘나라에 갈 수 없는 복음'이다.

"거듭나셨습니까?"

이 말은 장로님이나 권사님이라는 직분을 갖고 있냐고 묻는 것이 아니다.

"정녕 거듭나셨습니까?"

이 말은 이스라엘 지도자인 니고데모에게 하신 말씀처럼 사람이 거듭나지 않으면 하나님나라를 볼 수도 없거니와 들어갈 수도 없다고 단호하게 말하는 것이다.

십자가의 복음

또한 성령과 진리로 십자가의 복음 안에서 얻은 새생명이 없이는 결코 거룩한 성도의 삶을 살 수 없다. 할아버지, 아버지가 믿으니 나도 저절로 믿게 된 모태신앙이 아닌가? 이런 명목적인 이름과 무늬만 예수쟁이인 모습으로는 진리의 말씀을 따라 살 수 없다. 오직 성령과 진리로 십자가의 복음 안에서 새생명을 얻어야 거룩한 삶을 살 수 있다. 예수 그리스도의 십자가 외에 구원을 얻을 다른 이름을 주신 일이 없기 때문이다.

오늘날 기독교의 이름으로 구원이 교회 밖에도 있다고 말하며 종교 통합을 떠들어대면서 폼 잡고 돌아다니는 기독교 괴물들이 많다. 예수 그리스도는 요한복음에서 정확히 말씀하셨다.

다른 이로써는 구원을 받을 수 없나니 천하 사람 중에 구원을 받을 만한 다른 이름을 우리에게 주신 일이 없음이라 하였더라 행 4:12

예수께서 이르시되 내가 곧 길이요 진리요 생명이니 나로 말미암지 않고는 아버지께로 올 자가 없느니라 요 14:6

천하에 수많은 종교가 존재하고 그들 나름대로 열심히 외칠 수 있다. 그것을 간섭할 것은 아니지만 우리가 분명히 선포할 말씀은 영원히 살아 계신 거룩한 하나님께로 나아가는, 구원에 이르는 유일한 길은 십자가의 그리스도밖에는 없다는 사실이다. 누가 뭐라고 해도 인간은 공로나 행위가 아니라 오직 그를 믿는 믿음으로만 구원을 얻는다.

이 세상에 신이라는 이름은 정말 많지만 성경이 말하는 심판자요, 구원자요, 주재자이신 여호와 하나님은 한 분밖에 없다. 그런데 기독교계 지도자라고 하는 분들이 카메라 앞에만 서면 겁에 질려 그 말을 못하는 경우가 있다.

성경이 분명히 말하고 있어서 헷갈릴 이유가 없는 진리이다. 우리는 역사를 그저 빛바랜 무지개처럼 바라보며 우리의 희망을 기대하는 게 아니라 천하 역사가 다 어떻게 돼도 변개할 수 없는 예수 그리스도, 반드시 악을 심판하시고 최후에 승리자가 되어 이 땅에 다시 오실 예수님을 기다리고 믿는다.

내가 진실로 속히 오리라 계 22:20

성경은 우리가 그토록 기다리고 갈망하는 다시 오시는 주님의 말씀으로, 영생과 하나님나라를 준비하도록 촉구한다.

고발한다!

중세 교회는 왜곡된 진리로 구원받을 수 있었던 수많은 사람들을 파멸로 이끌고 갔다. 반면 오늘 이 시대는 주님의 교회에 빌붙어 살면서, 오히려 주인 행세를 하고, 경건의 모양은 있으나 능력은 부인하는 사람들이 있다. 경건을 이익의 재료로 삼는 자들, 죄인의 유일한 소망과 회개를 가로막고 파멸로 이끄는 현대판 거짓 선지자들을 주의 이름으로 고발한다.

첫 번째는 오만한 죄인의 지성으로 변질시킨 신학이다. 오늘날 신학이라는 이름으로 살아 계신 하나님을 개념화하고 기독교를 수많은 종교들 중 하나로 만든 현대판 거짓 선지자들을 주의 이름으로 고발한다. 그들은 두려워 경외할 하나님을 신학적 논단거리로 만들고, 오만한 죄인들의 지성으로 변질시켰다.

두 번째는 실존적 무신론자들, 변질된 복음의 선포자들이 거짓 선지자다. 그들은 세속주의와 탐욕을 축복이라고 말하고, 신학과 신앙을 분리하며, 강단과 삶, 믿음과 삶을 분리시킨 타락한 복음주의로 외식과 위선의 부도덕한 교인들을 양산하고 있다.

복음은 영원히 변하지 않는다. 2000년 전 초대 교회 성도들이 믿었던 복음은 세상을 진동시켰다. 그들은 거룩한 삶을 따라 성령 하나님과 함께 십자가밖에 자랑할 것이 없었던 복음을 실제로 믿었다. 죄된 그들의 존재가 예수님과 함께 죽고, 부활하신 그리스도가 그들의 생명의 전부가 되어, 주님과 동행하는 삶을 살았다. 초대 교회 성도들이나 2000년 후 오늘 마지막 위기의 시대를 살아가는 우리에게나 복음은 영원히 동일하다. 그 복음은 우리에게 여전히 능력이 있다. 그들은 복음과 운명을 같이하며 목숨을 걸었기에 결코 복음을 부끄러워하지 않았다.

오늘 우리가 살아 있는 신앙을 갖고 있다면, 복음과 운명을 같이하고 십자가만을 자랑하는 역동적인 크리스천이 되어야 한다. 교파와 교단, 직분과 신학적 이론이 중요한 게 아니다. 진짜 중요한 것은 이것이다.

"지금 당신의 신앙은 살아 있는가!"

변질된 복음을 주의해야 한다. 세속주의, 물질만능주의, 성공주의로 변질시켜버린 타락한 복음주의를 경계해야 한다. 이는 죄인들의 회개를 가로막는 무서운 저주의 거짓 선지자들이다.

세 번째는 무분별한 영성운동이다. 거룩하신 성령의 이름을 도용해서 복음과 전혀 무관한 반도덕적이고 혼탁한 예언과 체험 등 저질스러운 종교 행태로 어리석은 성도를 미혹하고, 겁 없이 거룩한 성령의 이름을 이용하는 거짓 선지자들을 고발한다.

하나님은 영원히 거룩하시다. 거룩하신 성령이 역사하시는 곳에는 그리스도 십자가가 뚜렷이 드러나고 하나님의 거룩한 진리가 드러난다. 십자가의 복음이 능력 있게 선포되고 성령이 역사하신 곳에는 거룩함이 드러나게 되어 있다. 자기 자신의 탐욕에 대하여 죽고, 세상의 정욕에 대해 죽고 거룩한 나라가 소망이 되어 우리의 도덕이 함양되고 하나님을 두려워 섬기는 아름다운 성령의 열매를 맺어야 한다.

> 오직 성령의 열매는 사랑과 희락과 화평과 오래 참음과 자비와 양선과 충성과 온유와 절제니 갈 5:22,23

예수 그리스도의 생명으로 충만한 열매들이 드러나지 않을 수 없다. 나의 절망이 십자가로 넘겨지고 나를 통치하시는 성령이 내게서 나올 수 없는 사랑의 능력과 담대함과 거룩함을 나타나게 하신다. 주님께 한 걸음씩 나올 때마다 철저히 나로서는 불가능하다는 사실을 보여주시고 "오직 주님만이 하셨습니다. 주님이 하십니다"라고 고백하게 하신다.

세상에 있는 절망이 우리의 결론이 되지 않고 하늘에 있는 소망이 우리의 생명이 되게 하시는 성령의 위로와 충만한 기쁨이 우리를 붙잡아주신다.

지금 이 시대에 고발당한 거짓 선지자들의 관점에서 보면 결코 안전하지도 않고 평안하지도 않은 위기의 때임을 보게 된다. 그러나 오직 한 길이 있다. 도피성을 향해 생존의 질주를 하는 사람처럼 죽기로 되어 있던 살인자가 살아날 수 있는 유일한 길은 뒤도 돌아보지 않고 옆도 바라보지 않으며 진리를 향해 뛰어가는 것이다.

마찬가지로 이제 우리에게 남아 있는 죄인의 유일한 소망으로 우리 한국 교회가 나아가야 할 오직 한 길이 있다.

"회개하라."

우리가 지금 앉아 있는 자리는 결코 안전한 자리가 아니다. 안전한 때도 아니다. "네가 어디 있느냐"고 물으시는 거룩한 주님 앞에서 남보다 괜찮은 교회, 남보다 열심인 나 정도로 위안을 삼을 수 없다. 주님의 질문 앞에 온전히 설 수 있어야 한다. 만약에 주님이 말씀하신 자리가 아니라면, 거기는 끔찍한 위기의 자리다. 그 자리를 지금 탈출해야 한다. 죄와 불순종의 자리에서 떠나 참된 회개의 길로 나아가야 한다.

회개가 유일한 소망이 되는 이유

다니엘은 회개가 유일한 소망이 되는 이유를 아는 참 하나님의 사람이었다. 그는 어린 나이에 포로로 끌려갔다. 마지막 회개의 길을 걷어차고 철저히 망하는 자기 조상들의 멸망을 보며 바벨론의 포로가 되었다. 왕의 눈이 뽑히고, 자식들이 내던져지며, 저주로 성전이 불타서 무너지는 장면을 보았다.

그런데 그 포로 소년이 바벨론 국무총리의 자리까지 오르게 되었다. 그는 바벨론이라고 하는 세계 최강 권력의 한복판에서 권력의 무상을 보았다.

'권력은 사람에 의해 세워지는 게 아니구나. 권력을 폐하기도 하고 세우기도 하시는 분은 주님이시구나.'

이 사실을 분명히 보았고 하나님의 어마어마한 복을 받았지만 마지막 회개를 거절하고 망한 자기 조국 이스라엘의 운명을 누구보다 생생하게 깨달았다. 그는 어린 나이였지만 무슨 일을 당하더라도 포로로 끌려간 바벨론 궁중의 하루하루, 살얼음판을 디디는 것 같은 삶, 칼날 끝을 걸어가는 것 같은 절박한 위기 상황에서 진리를 깨달았다.

그는 피난처가 결코 왕궁도 아니요, 왕의 배려도 아니요, 요행도 아님을 알았다. 그들의 조상들이 버렸던 회개하고 돌아갈 유일한 피난처이신 살아 계신 하나님 앞에 돌아가기만 하면 어떤 위기도 이길 수 있음을 알았다. 빈궁한 자의 피난처가 되어주시는 살아 계신 하나님께로 피하는 법을 배웠다.

그는 올곧은 신앙의 삶을 살았다. 세월이 지나 조각난 조국의 운명을 지켜보다가 바벨론 포로 70년이 되면 하나님께서 그들을 다시 이스라엘 땅, 예루살렘으로 돌려보내어 그 땅을 고치겠다고 하신 약속을 예레미야서에서 발견했다. 그는 모든 절망을 넘어선 하나님의 자비를 발견했다. 이 사실을 발견한 때가 2,3년만 지나면 70년이 되는 그때였던 것이다. 그는 무슨 일을 해야 할지 알았다. 그는 얼른 무릎을 꿇었다.

내가 금식하며 베옷을 입고 재를 덮어쓰고 주 하나님께 기도하며 간구하기를 결심하고 내 하나님 여호와께 기도하며 자복하여 이르기를 ⋯ 단 9:3,4

하나님이 마지막 소망의 문을 열어놓으셨다. 큰 절망과 포학자의 기세가 아무리 성벽을 치고 우리를 두렵게 할지라도 우리는 눈을 들고 주의 진리로 돌아가야 한다. 복음으로 돌아가야 한다. 거기서 우리는 한 가지를 발견할 수 있다. 그것은 우리의 죄보다 더 크신 하나님의 긍휼과 어마어마한 용서다. 주님은 우리를 돌이키시고 새롭게 하실 것이다. 이것이 바로 우리의 소망이다. 오늘도 간절하고 절박하게 붙들 우리의 희망이다.

다른 것을 붙드는 것은 도움이 안 된다. 정부도 도움이 안 되고, 첨단장비도 도움이 되지 않는다. 부모들의 발을 동동 구르는 안타까움도 도움이 되지 않는다. 온 국민이 다 같이 일어나 큰 소리를 내는 것도 도움이 되지 않는다. 나도 나를 용서할 수 없을 만큼 좌절하여 털썩 주저앉은 상황에서도 주님의 눈빛을 바라봐야 한다. 그리고 그분이 약속한 언약을 붙들어야 한다. 그는 주저하지 않았다.

다니엘은 얼른 금식하고 베옷을 입고, 하나님 앞에 자복하고 엎드렸다. 왜냐하면 자신과 조국 이스라엘의 운명은 둘이 아니었기 때문이다.

03
CHAPTER

다시
십자가 앞으로

늦지 않았다

사랑하는 우리 조국 대한민국의 운명은 우리와 별개가 아니다. 어머니 태와 같이 하나님이 대한민국이라는 자궁에 담아 우리를 키우셨다. 한국 교회라는 요람 안에서 우리의 영혼을 키워주셨다.

한국 교회가 위기를 맞이하고 우리 조국이 흔들리고 있다. 이때에 거룩하신 주님의 눈길을 살펴야 한다. 주님의 심판 선고 앞에서 엄마의 눈을 뚫어지게 바라보는 어린아이처럼 하나님의 눈을 똑바로 들여다봐야 한다.

그러나 노아는 여호와께 은혜를 입었더라 창 6:8

노아는 여호와의 눈 속에서 은총을 발견했다. 주님의 심장을 똑바로 바라보면, 우리의 죄보다 더 크신 하나님의 긍휼, 우리가 상상할 수 없는 주님의 사랑을 알 수 있다. 말로 다 표현할 수 없고 큰 소리로 외쳐 이를 수 없는 하나님의 크고 넓은 영원하신 사랑, 우리의 상상과 한계를 뛰어넘는 그분의 용서와 긍휼을 발견한다.

우리가 아직 죄인 되었을 때에 그리스도께서 우리를 위하여 죽으심으로 하나님께서 우리에 대한 자기의 사랑을 확증하셨느니라 롬 5:8

주님의 십자가 우편에 매달린 강도가 평생 돌이킬 기회도 없이 살다가 십자가에 못 박혀 숨 끊어질 시간만 남아 있는 그때에 놀라운 말을 한다. 그 불쌍한 영혼이 주님을 알아보고 마지막에 이렇게 부탁한다.

예수여 당신의 나라에 임하실 때에 나를 기억하소서 눅 23:42

강도는 짧은 한평생 돌이킬 기회도 없이 십자가에 못 박혀 때늦은 후회를 하고 그때서야 돌이킨다. 자신의 육체의 죽음을 넘어선 희망이 있을 것 같아, 어떤 선행의 기회도 없고 돌이킬 희망도 없는 사형 집행이 된 십자가에서 마지막 회개를 한다. 그러자 십자가에 매달려

인류의 죄를 담당하고 계시는 예수님이 거절치 않으시고 말씀하신다.

> 내가 진실로 네게 이르노니 오늘 네가 나와 함께 낙원에 있으리라
>
> 눅 23:43

늦지 않았다! 지금이라도 우리에게는 돌아갈 길이 있다. 우리가 부르고 달려갈 주님의 가슴이 있다. 우리 민족이 새롭게 될 마지막 희망이 남아 있다.

그것은 바로 우리 자신이다!

다니엘에게 이런 기회가 있었다. 다니엘은 하나님 앞에 금식하며 엎드렸다. 다니엘은 이말 저말 할 것도 없었다. 감동이 오느니 안 오느니, 회개가 되느니 안 되느니, 배부른 말을 할 겨를이 없이 그저 주님 앞에 엎어져 매달렸다.

"살려주세요. 고쳐주세요! 우리를 좀 건져주세요!"

어느덧 나이가 들어 내게 손주가 생겼다. 눈을 감고 죽을 수가 없다. 주님께 받은 은혜와 사랑을 생각하면 언제 죽어도 여한이 없는데 한 가지가 턱 걸린다. 우리 자녀들에게, 다음 세대에게 이러한 조국을 물려줄 수 없다. 도저히 눈이 감기지 않는다. 이대로 조국 교회를 두고 눈을 감을 수가 없다. 미안해서 비명이라도 질러야 할 것 같다. 이대로는 아니라는 생각에 절박한 마음이 든다. 우리는 다른 사람과

비교해서 복음에 조금 열심을 내는 정도로 만족해서는 안 된다.

하나님의 심장을 두드리라

우리가 이 민족과 이 시대의 희망이다. 성경을 보고 깨달아야 한다. 다니엘이 하나님 앞에 엎드려 간절히 매달렸다.

"주여! 들으소서. 용서하소서. 행하소서. 지체하지 마소서."

회개라는 주제로 수많은 집회를 하고, 어쭙잖게 회개하는 흉내를 내며, 십자가 앞에서 눈물 몇 방울 흘려본 정도의 회개가 아니다. 헛된 회개가 아닌 참된 회개는 이 땅이 변하고 하나님의 영광이 임하는 회개, 하나님의 심장을 건드리고 주님이 보좌에서 벌떡 일어나서서 응답할 수밖에 없는 회개다(다니엘서 9장 참조).

다니엘의 애절한 회개기도는 하나님의 심장을 두드렸다. 하나님이 보좌에서 벌떡 일어나서 다니엘에게 응답해주셨다. 그 결과 70년 포로 귀환이 이뤄졌다. 앞날에 예수 그리스도를 통해 이루어질 인류 구원의 비밀을 약속해주셨다. 참된 회개로 주님의 얼굴을 대면하고 응답을 받았던 것처럼 오늘 우리도 진정한 회개를 해야 한다.

참된 회개란 살아 계신 하나님께로 돌아가는 것이다. 자책이나 후회가 아니다. 그런데 지금은 회개라는 용어가 잘못된 동기로 여기저기서 쓰인다.

'위기를 당했으니 회개 한번 하자.'

상황이 불리하고 궁지에 몰렸으니까 하는 회개, 좋지 않은 여론을 바꿔보려 하는 회개는 바른 동기가 아니다. 그냥 봐도 진정성이 없는 어쭙잖은 회개는 얼마나 공허하고 어리석은가. 교회가 안 되니 이 방법 저 방법으로 하는 게 아니다. 회개란 하나님께로 돌이키는 것이다. 벗어나되 향방 없이 벗어나는 것이 아니다.

그렇다면 어디로 가야 하는가? 재수 없는 상황에서 잘되는 상황으로 도피하는 것이 아니다. 마음에 안 드는 사람에게서 마음에 드는 사람 쪽으로 가는 것이 아니다. 회개는 정확하다.

기독교의 회개는 크고 두려우신 하나님께로 돌이켜 그 앞에 엎어지는 것이다. 궁극적으로 죄란 하나님께 범죄한 것이다. 시편 51편에서 다윗이 밧세바를 범한 후에 벌벌 떨었던 것은 '사람들이 나를 어떻게 볼까?' 하는 것이 아니었다. 그를 진짜 떨게 했던 것은 '내가 하나님 앞에 범죄했구나!' 하는 것이었다.

사람이 사람에게 죄를 지어도 얼마나 어려운가. 세상의 권세 있는 자에게 죄를 지었다면 그 두려움이 얼마나 더 커지는지 모른다. 하물며 영원하고 살아 계신 공의로우신 하나님 앞에서 범죄했다면 누가 우리를 그 심판 앞에서 건져줄 수 있겠는가.

우리는 이미 범죄하여 패역하며 행악하며 반역하여 주의 법도와 규례를 떠났사오며 우리가 또 주의 종 선지자들이 주의 이름으로 우리의 왕들과 우리의 고관과 조상들과 온 국민에게 말씀한 것을 듣지 아니하였나이다 주여 공의는 주께로 돌아가고 수치는 우리 얼굴로 돌아옴이 오늘과 같아서 유다 사람들과 예루살렘 거민들과 이스라엘이 가까운 곳에 있는 자들이나 먼 곳에 있는 자들이 다 주께서 쫓아내신 각국에서 수치를 당하였사오니 이는 그들이 주께 죄를 범하였음이니이다 주여 수치가 우리에게 돌아오고 우리의 왕들과 우리의 고관과 조상들에게 돌아온 것은 우리가 주께 범죄하였음이니이다마는 주 우리 하나님께는 긍휼과 용서하심이 있사오니 이는 우리가 주께 패역하였음이오며 단 9:5-9

다니엘의 회개기도에는 매 절마다 "우리가 주께 범죄했습니다. 우리가 주를 떠났습니다. 계명을 지키지 않았습니다. 주를 배신했습니다"라는 말이 있다. 그의 회개는 진실로 하나님을 향한 것이었다.

머리 위에 진노를 쌓지 말라

우리가 회개한다고 하면서 궁극적으로 죄를 떠나지 않는 이유는 무엇인가? 오늘날 많은 크리스천들이 회개하는 흉내를 내고, 눈물도 흘리고 집회도 하지만 그 후에는 아무 일도 없다. 살아 계신 하나님께 회개했다고 하면서 여전히 반복된 죄를 저지른다. 죄의 자리에서 떠나지 않는 이유는 딱 하나다. 긴말 할 것 없다. 그것은 하나님을 전혀 두려워하지 않기 때문이다. 하나님을 경외함이 눈곱만큼도 없기 때문이다.

"울고 애를 쓰는데 죄를 떠날 수가 없어요."

이것은 거짓말이다. 하나님을 두려워할 줄 안다면, 한 번 식겁한 것에 대해 결코 다시는 반복된 죄를 저지를 수 없다.

혹 네가 하나님의 인자하심이 너를 인도하여 회개하게 하심을 알지 못하여 그의 인자하심과 용납하심과 길이 참으심이 풍성함을 멸시하느냐 다만 네 고집과 회개하지 아니한 마음을 따라 진노의 날 곧 하나님의 의로우신 심판이 나타나는 그 날에 임할 진노를 네게 쌓는도다 롬 2:4,5

하나님께서 오늘도 우리에게 심판을 내리지 않으시는 이유는 몰라서도 아니고 그분의 의지가 약해서도 아니다. 딱 한 가지, 우리에게 회개할 기회를 주시기 위해서이다. 만약 돌이키지 않는다면 진노를 우리 머리 위에 쌓는 것과 같다. 거룩하신 주님은 예전에도 거룩했고 지금도 거룩하며 앞으로도 거룩하시다. 어떤 신학적인 말장난을 해도 거룩하신 하나님은 죄를 공의로 심판하실 수밖에 없다. 이 심판을 피할 유일한 길이 회개의 품으로 뛰어드는 것이다. 죄에서 떠나 돌이키는 것이다.

복음을 듣고도 변하지 않는 사람들, 지금도 두렵고 무서운 심판 받을 짓을 떠나지 않는 이들의 이야기를 간간히 듣는데, 정말 아찔하고 겁이 난다. 우리가 반드시 경고로 들어야 할 말씀이 있다.

한 번 빛을 받고 하늘의 은사를 맛보고 성령에 참여한 바 되고 하나님의 선한 말씀과 내세의 능력을 맛보고도 타락한 자들은 다시 새롭게 하여 회개하게 할 수 없나니 이는 그들이 하나님의 아들을 다시 십자가에 못 박아 드러내놓고 욕되게 함이라 땅이 그 위에 자주 내리는 비를 흡수하여 밭 가는 자들이 쓰기에 합당한 채소를 내면 하나님께 복을 받고 만일 가시와 엉겅퀴를 내면 버림을 당하고 저주함에 가까워 그 마지막은 불사름이 되리라 히 6:4-8

순결한 예배를 드리라
이스라엘 백성은 출애굽이라는 엄청난 기적을 맛보고도 끝내 반역하고 회개할 기회를 걷어찼다. 홍해바다를 건너고, 남자만 60만 명으로 계수되었던 그들은 여호수아와 갈렙을 빼놓고, 출애굽의 영광을 보았던 자들 중에 한 명도 가나안 땅에 들어가지 못하고 엎드러져 죽었다. 그들은 광야에서 40년을 보내야 했다. 엄위하신 하나님, 두려우신 하나님, 그 하나님의 회개를 거절한 무서운 저주를 어찌 다 말로 표현할 수 있겠는가.

위험한 위기의 사람들이 있다. 드러난 죄인은 괜찮다. 문제는 평안해 보일 때다. 자신이 종교적이고 스스로 속일 만큼 보편타당한 신앙생활을 하고 있다고 말하는 사람들이 진짜 위기의 사람들이다. 생명 걸고 순종하지 않으며 죄를 떠나지 않은 채 "주여, 주여" 하고 부르는 자들의 위험을 주님은 경고하신다. 주의 이름을 부르고, 자타가 공인하는 모태신앙이요, 성직자요, 교인인데 그들에게 이런 선고가 내려졌다.

'너희가 나를 경멸하고 멸시하는구나!'

그들은 이렇게 말할 것이다.

"우리가 어떻게 주님을 멸시합니까?"

이에 대한 답이 말라기서에 나와 있다.

너희가 더러운 떡을 나의 제단에 드리고도 말하기를 우리가 어떻게 주를 더럽게 하였나이까 하는도다 이는 너희가 여호와의 식탁은 경멸히 여길 것이라 말하기 때문이라 만군의 여호와가 이르노라 너희가 눈 먼 희생제물을 바치는 것이 어찌 악하지 아니하며 저는 것, 병든 것을 드리는 것이 어찌 악하지 아니하냐 이제 그것을 너희 총독에게 드려보라 그가 너를 기뻐하겠으며 너를 받아주겠느냐 말 1:7,8

당신은 전심으로 예배드리고 있는가? 예배를 받으시는 주님을 경외함으로 예배하는가? 헌금은 어떤가. 생각나면 간신히 드리고 있지는 않은가? 옛날 조상들은 임금에게 진상을 해도 가장 좋은 것으로 골라서 드렸다. 그런데 왕에게 이렇게 말할 수 있는가?

"아침에 더덕을 먹다 보니 임금님 생각이 나서 먹다 남은 것을 가져왔습니다."

임금의 격에 맞지 않는 소홀한 대접을 하면, 임금을 경멸한 것이기에 능지처참형을 당한다. 만약 당신이 지금 예배 시간에 하나님께 하는 일을 직장상사한테 해보라. 당신이 사람을 의식하고 체면을 차리기 위해 헌금을 동냥하듯이 존경하는 그 누군가에게 무엇을 드려보라. 그가 받겠는가.

당신이 찬송을 부를 때, 그렇게 진정성 없이 마음에도 없는 찬양을 부르면 무슨 일을 당하겠는가? 좋아하는 노래에 대해서는 열광하는데, 찬송가를 부르면서는 마음 하나 담지 않고, 감동 하나 없이 부르고 있다. 예배 시간에 외우고 고백하는 말, 강단에서 선포되는 메시지에 말하는 사람도 감동이 안 되고, 듣는 사람도 마음이 분주하다.

'빨리 끝났으면 좋겠다. 예배 끝나고 친구 만나야 되는데….'

이런 태도로 친구를 대해보라. 주님은 말라기서에서 우리에게 이렇게 말씀하신다.

내 이름을 멸시하는 제사장들아 나 만군의 여호와가 너희에게 이르기를 아들은 그 아버지를, 종은 그 주인을 공경하나니 내가 아버지일진대 나를 공경함이 어디 있느냐 내가 주인일진대 나를 두려워함이 어디 있느냐 하나 너희는 이르기를 우리가 어떻게 주의 이름을 멸시하였나이까 하는도다 말 1:6

주님은 순결한 예배를 원하신다. 마음이 없으면 하지 않아야 한다. 준비가 되지 않았으면 하지 말 일이지, 하나님은 안중에도 없는 태도로 예배를 드린 후 돌아가는 길에 설교를 비평하고 남을 조롱하며, 농담하고 비판한다. 믿음 좋은 척하던 장로 아빠가 집에서 행하는 것을 보면 아이들은 혐오감을 느끼며 환멸에 빠진다. 한 번도 실제가 된 적이 없는 하나님, 교회에서 끼리끼리 세력 다툼을 하는 우리가 언제 하나님을 두려워했으며, 그분을 전심으로 섬겨봤는가.

외식하는 자리에서 돌이키라

주님은 우리가 그분을 떠났다고 말씀하신다. 교회에서 예배를 드리며 "주여, 주여"라고 하는데도 하나님을 떠났다고 진단하신다. 이게 가능한가? 가능하다.

슬프다 범죄한 나라요 허물 진 백성이요 행악의 종자요 행위가 부패한 자식이로다 그들이 여호와를 버리며 이스라엘의 거룩하신 이를 만

홀히 여겨 멀리하고 물러갔도다 사 1:4

이때만 해도 예루살렘 성전이 금으로 싸인 채로 버티고 있었을 때였다. 사람들이 우상도 섬기고 죄도 짓지만 월삭이나 안식일 같은 절기를 빼놓지 않고 잘 섬겼다.

요즘으로 말하면 주일 대예배, 오후예배, 수요예배, 금요철야 등 공예배는 다 드리고 소소한 예배도 빼놓은 게 없었다. 그런데 그들은 행악의 종자로서 허물 졌고 여호와를 버렸다고 한다. 예배를 안 드렸다는 말이 아니다. 예배는 두말할 것 없이 잘 드렸고 기도도 청산유수로 잘했다. 그런데 주님이 그들에게 이렇게 말씀하신다.

만군의 여호와가 이르노라 너희가 내 제단 위에 헛되이 불사르지 못하게 하기 위하여 너희 중에 성전 문을 닫을 자가 있었으면 좋겠도다 내가 너희를 기뻐하지 아니하며 너희가 손으로 드리는 것을 받지도 아니하리라 말 1:10

그들이 제물을 얼마나 많이 가져오는지 못 견디겠으니, 제발 성전에 오는 길을 누가 막아줬으면 좋겠다고 말씀하신다.

'내가 견딜 수 없다. 기도한다고 폼을 잡고 소리를 지르는데 나는 듣지 않겠다. 내가 너희의 외식을 견딜 수 없다! 너희가 성회와 함께

악을 행하는 것을 보지 못하겠다.'

교회 이름으로 행해지는 구역질나고 더러운 일이 한두 가지가 아니다. 돈 문제, 부정한 짓과 부조리한 행동, 싸움질, 패거리 등. 도저히 하나님의 이름을 걸어놓고 할 수 없는 일을 교회 안에서 행한다. 하나님을 모독해도 그렇게 모독할 수 없는 일이다. 결국 하나님은 그들에게 이렇게 말씀하신다.

"나는 너희 피 냄새에 질려버렸다. 무수한 제물을 가져오지 마라. 너희가 성회와 함께 악을 범하는 것 때문이다. 음란한 짓을 그치지 않으면서 교회에 와서 열광적으로 예배드리는 것을 주님이 견디지 못하신다. 포악한 짓을 하고 하나님의 말씀을 떠나 세속에 탐닉하는 하나님이 절대 주인이 될 수 없는 삶, 너희의 죄악을 버리지 아니한 상태로 너희가 나에게 하는 지독한 열심을 견딜 수 없다."

네 눈에 안약을 바르라

죄악을 버리지 않고 열심히 헌금을 더 많이 하는 것은 안타까운 일이다. 죄를 많이 지으면 교회에 올 때 제물을 많이 가지고 와서 속죄제사를 드린다. 이중생활을 하니 양심이 편하지 않아서 사람들이 죄책감에 회개하고 은혜 받았다고 하며 헌금을 내서 장사가 잘되는 것이었다. 이것은 우상종교다. 이게 바로 가장 잘나가는 웃시야 왕 때, 이사야 선지자가 사역하던 시절의 모습이다.

겉으로 볼 때 유대 종교에는 전혀 문제가 없었다. 경제적으로 세력이 충만했다. 꼭 오늘날 우리의 모습과 같다. 그런데 주님이 영적으로 보여주신다. 초대 교회 중에 라오디게아 교회에게 책망하신 말씀을 기억하는가? 그들이 스스로 말하기를 우리는 부자이고 부요하여 가난한 게 없다고 했다. 우리는 프로그램이 많고 예배당도 넓으며 교인의 수준이 높고 헌금도 많이 나오고 축복을 받았다고 할 때 주님께서 말씀하신다.

'네 눈에 안약을 사서 발라봐라! 네 육신이 아닌 네 영혼이 얼마나 헐벗고 굶주리며 비참하게 말라 비틀어졌는지 제발 좀 알아라. 회개하여 살길을 찾으라.'

신약성경 요한계시록에 전도용 구절로 잘 알려진 다음과 같은 말씀이 나온다.

볼지어다 내가 문밖에 서서 두드리노니 누구든지 내 음성을 듣고 문을 열면 내가 그에게로 들어가 그와 더불어 먹고 그는 나와 더불어 먹으리라 계 3:20

그러나 실은 이것은 전도용 구절이 아니다. 이미 예수님을 믿는다고 하는 라오디게아 교회에게 하신 말씀이다. 주님이 원하셨던 것은 무엇인가? 주님께서 십자가에서 이루신 축복은 "네가 마음의 문을 열면 내가 너와 함께 먹고 마시겠다"는 것이다. 영원한 축복을 주시려는 주님이 지금 문밖에 밀려나 계신다. 교회 밖에 밀려나 계신 것이다. 그렇지만 포기하지 않고 밖에서 문을 두드리면서 말씀하신다.

'네가 회개하고 마음 문을 열면 내가 너와 더불어 먹으리라.'

주님이 이뤄놓으신 영광과 축복, 주님의 생명을 같이하는 이 영원한 임재의 축복을 우리에게 주고 싶어 하신다. 그런데 "주여, 주여" 하는 교회, 예배의식을 멋있게 진행하고 세련된 프로그램을 꽉 채운 교회에서 놀랍게도 거룩한 주님이 쫓겨나셨다. 복음을 한 번도 들어본 적이 없는 자들에게 문을 두드리시는 것이 아니라 예배당에 앉아 있는 우리에게 주님이 안타깝게 말씀하시는 것이라는 게 섬뜩하다.

현대의 도피성

사데 교회는 살았다는 이름은 가졌지만 실상은 죽은 교회였다. 고(故) 옥한흠 목사님이 2007년 평양대부흥 100주년 기념대회에서 한국 교회를 진단한 말씀이 사데 교회 말씀이었다.

예배의식, 프로그램은 있는데 거룩하신 주님은 없고, 성령님의 이름을 도구로 사용하지만 성령께 지배받아 복종하는 사람은 없다. 화려한 콘티를 짜고 예배 흉내를 내지만 죄인의 역동적인 회개와 구원, 순종은 없었다. 진정한 예배를 언제 드렸는지 알 수 없을 만큼 기가 막힌 상황을 탄식하며 옥한흠 목사님이 회개하셨다.

"제가 주님 앞에 죄인입니다. 한국 교회가 이렇게 된 것은 제 책임입니다."

교회가 배부르고 괜찮아 보이던 그 시기가 위기의 때였다.

오늘 우리는 어떠한가?

오늘의 한국 교회도 위기 아닌가?

회개할 자는 바로 나와 당신이 아닌가?

주님께로 돌아가야 한다.

오라 우리가 여호와께로 돌아가자 여호와께서 우리를 찢으셨으나 도로 낫게 하실 것이요 우리를 치셨으나 싸매어주실 것임이라 호 6:1

회개는 남들이 보기에 민망하니 잠깐 눈물을 흘리는 척하는 게 아니다. 살아 계신 주님, 두려우신 주님께로 돌아가는 것이다. 회개한다고 하고 죄에서 떠나지 않는 것은 있을 수가 없다. 여호와께로 돌아가야 한다. 살아 계신 하나님께로 돌아가야 한다.

그러므로 우리가 여호와를 알자 힘써 여호와를 알자 호 6:3

주님께서 이제 우리에게 돌아갈 현대의 도피성을 주셨다. 구약 시대에 실수로 사람을 죽인 살인자가 살아날 수 있는 유일한 길인 도피성은 그 성에서 가장 높은 곳에 있었다. 그렇지만 어디서든 달려갈 수 있는 길이 있으며 잘 보이는 곳에 위치해 있었다.

하나님은 높고 낮음에 상관없이 어느 처지에 있는 사람이라도 갈 수 있는 회개의 길, 우리의 영원한 피난처인 도피성을 열어놓으셨다. 바로 갈보리 언덕 주님의 십자가다. 십자가로 나아오는 것이다. 회개는 정확히 십자가의 복음 앞으로 나아오는 것이다.

04
CHAPTER

복음과
운명을 같이하라

주님의 긍휼을 의지하여

나는 1970년대부터 한국 교회의 전성기 한복판에서 자랐다. 은혜스러운 곳은 빼놓지 않고 쫓아다녔다. 40일을 금식하며 많은 사람들의 무리 속에 눈물, 콧물을 흘리며 회개하는 삶을 살았다. 지금 와서 보니, 그때 회개한다고 떼굴떼굴 굴렀던 많은 이의 눈물은 한맺힌 설움이었다.

물론 그중에도 회개한 사람이 있었지만, 정확히 어디로 어떻게 돌이켜야 할지 말했던 교회는 별로 없다. 우리의 공로나 율법이나 행위, 직분, 헌금의 수준으로 나가는 것은 '복음'의 '복'자도 모르는 것이다.

십자가로 나아가는 길은 아무리 울고 애를 쓰며 몸부림쳐도 안 되고 나는 죽을 수밖에 없는 심판받을 죄인임을 십자가 앞에서 처절하게 깨닫고 자신의 실존을 보는 것이다.

'나는 소망이 없구나. 나는 정확히 지옥에 갈 죄인이구나.'

이 사실을 알고 변명하지 않으며 살려달라고 주님 앞에 나아가는 것이다. 은혜는 받을 자격이 없는 죄인에게 일방적으로 베풀어주시는 하나님의 선물이다. 이 소망 없는 죄인이 바랄 것은 오직 은혜밖에 없다.

너희는 그 은혜에 의하여 믿음으로 말미암아 구원을 받았으니 이것은 너희에게서 난 것이 아니요 하나님의 선물이라 행위에서 난 것이 아니니 이는 누구든지 자랑하지 못하게 함이라 엡 2:8,9

다니엘서에 그가 하나님께 회개기도를 하는 근거를 정확히 표현하고 있다.

나의 하나님이여 귀를 기울여 들으시며 눈을 떠서 우리의 황폐한 상황과 주의 이름으로 일컫는 성을 보옵소서 우리가 주 앞에 간구하옵는 것은 우리의 공의를 의지하여 하는 것이 아니요 주의 큰 긍휼을 의지하여 함이니이다 단 9:18

우리의 공의를 의지함도 아니다. 유일한 근거는 심판받아도 할 말 없는 우리이지만, 주님의 큰 긍휼을 의지함으로 나아가는 것이다. 자랑할 만한 의나 공덕을 쌓아서가 아니라 심판받아 지옥에 떨어져야 할 자요, 거들떠보지 않아도 할 말 없는 자이지만, 오직 하나 용기를 얻고 주님 앞에 나가는 유일한 근거는 주의 큰 긍휼을 의지해서이다.

하나님이 세상을 이처럼 사랑하사 독생자를 주셨으니 이는 그를 믿는 자마다 멸망하지 않고 영생을 얻게 하려 하심이라 요 3:16

독생자를 주신 아버지의 마음

하나님이 우리에게 독생자를 주신 것은 놀라운 일이다. 처음에 나는 어떻게 독생자를 주신 하나님의 마음을 충만히 알지를 생각하다가 절망에 빠지게 되었다. 내가 우리 어머니와 나와의 관계를 생각해 보았기 때문이다. 내가 어머니와 나이가 30년 조금 더 차이가 나는데, 어머니의 마음을 아는 데도 한평생이 걸렸다.

우리 어머니는 정말 부담스런 남자를 만났다. 바로 우리 아버지이다. 평생 부모님의 모습을 보면, 어머니가 끝까지 인내한 게 영웅처럼 보일 정도로 어렵게 사셨다. 어떻게 저렇게 만나서 사는지 이해가 안 될 정도로, 함께 험한 시절을 살면서도 마음 한 번 나눌 수 없는 삶을 사셨다. 따뜻한 대화 한 번 없이 사서서 부부같은 느낌을 받아본 적이 없다. 아버지는 평생 화류계에 머물면서 술에 취해 늘 곁에 여자를 두었다.

책임감 없는 아버지를 만나 고생하며 천덕스럽게 사는 어머니의 마음을 헤아리기에는 내가 너무 어렸다. 나는 부모님을 사랑할 수가 없었다. 짜증나고 싫었다. 그런데 세월이 지났다. 내가 열여섯 살 되던 해에 어머니는 과부가 되어 죽지도 못하는 순정으로 살아갔다. 똑똑한 것도 없고 별 볼 일 없는 어머니였다. 혼자 자녀를 키우며 힘들고 척박한 삶을 살면서 밤에 홀로 눈물을 흘리는 어머니의 마음을 알지 못했다. 어린 내가 힘겨운 과부의 삶을 알 리가 없었다.

세월이 흘러 내가 결혼을 하고 자녀를 낳았다. 누가 가르쳐주지 않아도 생기는 어버이의 마음을 알게 되었다. 이론으로 가르쳐주지 않아도 저절로 생기는 아버지의 마음을 갖게 되었다.

나는 다섯 명의 자녀를 두었다. 그런데 태어날 때부터 선택의 고민 없이 다섯 아이를 모두 선교사로 바쳤다. 아이들이 운명적으로 선교사 외에는 다른 것을 하지 못하도록 만들었다.

첫째 아이가 고등학교 1학년 때 자퇴하여 훈련받으며 10여 년 동안 준비하다가, WEC이라는 선교단체에서 파송되어 아프리카 기니비사우에서 선교사로 섬기게 되었다. 기니비사우는 풍토병이 심한 곳이다. 아들이 선교지에서 여러 번 말라리아에 걸려 고생을 하다가 힘든 고비를 넘겼다는 소식을 종종 들었다. 그런데 한번은 선교단체의 대표 목사님께서 직접 전화를 하셨다.

"아버님, 놀라지 마시고 들어주세요. 기도만 해달라고 전화했습니다. 아드님이 이번에도 말라리아로 고생하고 있습니다. 어머님께 알리지 마시고 기도만 해주십시오."

나는 성령충만한 목소리로 또박또박 말했다.

"예, 선교사는 다 그렇지요. 걱정하지 마십시오. 주님은 살아 계십니다."

이렇게 말하고 수화기를 놓을 때까지는 믿음이 충만했다. 그러나 수화기를 딱 놓자마자 나도 모르게 의자에서 벌떡 일어나 안절부절못하며 사무실을 왔다갔다 했다. 말라리아에 걸리면 얼마나 힘든지 알기 때문에 도저히 앉아 있을 수가 없었다. 진정하지 못하고 서성거리며 기도하기 시작했다.

'주님, 바쁘신 줄 압니다. 60억 인구를 돌보시는 일이 보통 일이 아닌 줄 아는데, 아무리 바빠도 데려가시는 순서를 바꾸시면 안 됩니다. 지금 주님과 저 사이가 좋은데 금 가지 않게 신경 써주세요. 꼭 순서를 기억해주세요. 제가 아버지니 데려가실 때는 저 먼저 불러주시고, 아들은 나중에 부르셔야 합니다. 절대로 순서를 바꿔서는 안 됩니다.'

이렇게 안절부절 못하며 서성거리면서 기도하다가 어느 정도 시간이 지나자 기도 내용이 바뀌었다.

'하나님, 할 수 있거든 제가 대신 아프게 해주세요.'

해외에서 가장 힘든 일은 병나서 아픈 것이다. 아들에게 그 밤이 얼마나 아프고 길게 느껴질지 알기에 울면서 기도했다.

'주님, 낫게 해주세요. 얼마나 이 밤이 아프겠습니까. 고쳐주세요.'

우리 어머니가 임종하실 때 내가 새벽 4시까지 품에 안고 있다가 알았다. 어머니와 함께 밤새 철야하면서 〈예수 사랑하심은〉 찬송을 부르며 '날 사랑하심 날 사랑하심'을 부르게 하다가 어머니 혀가 말려들어가면 물을 입술에 적셔드리며 어머니를 깨웠다.

"어머니! 천당 갈 때는 장학생으로 가야 합니다. 조금이라도 더 기도하세요."

그러면 어머니의 의식이 돌아와서 잠깐 기도를 한다. 무의식중에 입술로 중얼거리는 기도는 이것이었다.

'하나님 아버지, 우리 아들 김 전도사 축복해주세요.'

혀가 또 말려들어가서 정신을 차리지 못하면, 물을 입술에 적셔드리며 어머니를 위해 기도하자고 깨웠다.

"어머니, 기도하세요. 기도! 하나님이 어머니를 정말 많이 사랑하십니다."

이렇게 새벽 4시까지 죽음의 고통을 넘나들며 숨이 끊어질 때까지 함께 기도했다. 그런데 그때 어머니는 한 번도 자신을 위한 기도를 하지 않으시고, 계속 아들인 나를 위한 기도만 하셨다.

'하나님 아버지, 우리 아들 김 전도사 축복해주시고….'

숨이 돌아올 때마다 못난 자식을 위해 기도하다가 주님 품에 안겼다. 그 어머니를 안고 있다가 주님 품에 안겨드리며 마침내 어머니의 마음을 알게 되었다. 나와 나이가 30년 조금 더 차이나는 어머니의 마음을 아는 데까지 세월이 한참 걸렸다. 그렇다면 우리가 그 크고 영원하신 하나님 아버지의 마음을 아는 데 얼마나 많은 시간이 필요하겠는가!

흉악한 나를 살리기 위해

하나님이 '나 같은 사람 하나 이렇게 사랑하사' 아들을 주셨다. 이 세상에 지존파의 생명을 살리기 위해 자기 자식의 생명을 내어놓을 사람이 어디 있겠는가? 그런데 흉악한 나 같은 죄인을 사랑하다, 사랑하다 이 길밖에는 다른 길이 없어서 아들을 아끼지 않고 내어주셨다. 하나님의 그 큰 사랑, 이것이 기독교이고, 이것이 십자가이다.

내 생명을 살리기 위해 당신의 아들을 갈보리 언덕에 매달아놓으셨다. 당신과 나를 살리기 위해 그분이 치러야 하는 대가는 당신의 하나밖에 없는 아들을 내어놓는 것이었다.

하나님의 마음을 알기 원한다면 십자가를 대강 스치고 지나치지 말아야 한다. 우리를 위해 갈보리 언덕에서 아들을 십자가에 못 박은 사실을 직면해야 한다.

'왜 나를 위해 주님이 갈보리 십자가에 못 박혀야 했는가?'

내가 얼마나 흉악한 죄인이었으면, 주 예수를 처절히 십자가에 못 박지 않고는 건질 수 없는 상태였는지를 십자가 앞에 나아가 직면해야 한다. 대강 예수를 영접한다고 말장난하는 게 아니라, 실존을 알기 위해 목숨 걸고 물어야 한다.

'주여, 저 때문에 당신의 목숨을 바쳐야 했던 이 십자가는 무슨 의미입니까? 거기 죽어야 할 저는 어떤 죄인입니까? 제 눈을 열어 보여 주십시오.'

십자가에서 자신이 처절한 죄인임을 보고, 오직 구주 예수 십자가 밖에 다른 길이 없는, 소망 없는 죄인임을 깨닫고 회개하여 돌이켜야 한다.

생명 건 결단이 필요하다

주님의 십자가, 살길은 그 길밖에 없기에 오직 십자가에 생명 걸고 주님의 죽음을 내 죽음으로 받아들여야 한다. 예수님은 문제 해결사나 도우미 정도가 아니다.

'내 안에서 나는 죽고 예수님이 나의 전부가 되셔야 한다.'

한국 교회 대다수의 교인들이 생명 건 결단을 하지 않았다. 이런 결단이 없이 예수님을 믿는다고 했고, 하나님을 체험했다고 말했다.

다른 길은 없다. 십자가 외엔 없다.

죄인은 개선되지 않는다. 죄인은 다른 여지가 없다. 죽어야 산다. 그래서 십자가 복음이 필요하다. 우리는 이 말을 담대히 전했어야 했다. 그런데 대강 열심히 은혜 조금 받고 새벽기도에 나오면 괜찮다고 안심시켰다.

"당신이 어떤 소망도 없는 죄인이라는 사실에 지식적 동의가 아닌 존재적 동의를 하십니까?"

분명히 물어야 했다. 계급장 다 떼고 납작 엎드려 아무 공로가 없지만 십자가를 붙들고 엎드려야 했다. 설명은 필요 없다. 사는 꼴을 보면 안다. 갈라디아서의 말씀이 그의 생명의 근거가 되고 우리의 유일한 고백이 된다.

내가 그리스도와 함께 십자가에 못 박혔나니 그런즉 이제는 내가 사는 것이 아니요 오직 내 안에 그리스도께서 사시는 것이라 이제 내가 육체 가운데 사는 것은 나를 사랑하사 나를 위하여 자기 자신을 버리신 하나님의 아들을 믿는 믿음 안에서 사는 것이라 갈 2:20

'죄에 대해 죽고, 하나님에 대해 산 자가 되는 것!'

이것이 바로 세례 받은 자, 거듭난 자이다. 이것이 십자가로 피난처를 삼아서 죽을 죄인이 자신의 가슴을 찢고 그분 가슴 한복판으로 달려들어가는 것이다. 거기서 주와 함께 죽고 죄와 상관없는 영원한 부활의 생명으로 살길이 열리는 것이다.

십자가 앞으로 나오는 회개, 이것을 성경은 "생명 얻는 회개"라고 말한다.

그들이 이 말을 듣고 잠잠하여 하나님께 영광을 돌려 이르되 그러면 하나님께서 이방인에게도 생명 얻는 회개를 주셨도다 하니라 행 11:18

회개 없는 천국복음은 있을 수 없다

복음서의 시작이자 주님의 첫 일성은 "회개하라! 천국이 가까이 왔느니라!"이다.

회개하라 천국이 가까이 왔느니라 하였으니 마 3:2

회개 없는 용서는 없다. 회개 없는 천국은 불가능하다. 그러므로 진정한 회개의 길에 분명히 들어섰는지 스스로 점검해야 한다. 새롭고 멋있는 충격적인 것을 얻는 게 아니다.

중세 시대, 거짓 선지자에게 속았던 그때 개혁의 바람이 불어와 그들이 버렸던 하나님, 그들이 버렸던 십자가의 진리를 도로 찾아 다시 복음으로 돌아갔다. 십자가로 다시 돌아간 것이다. 그러자 그들의 삶이 뒤집어졌다. 중세의 암흑시대를 깨고, 민족이 바뀌며, 유럽이 뒤집어져 전 세계에 영향을 미치게 되었다.

지금도 절망의 때요, 어둠의 때지만 그럼에도 언제든지 십자가로 정확하게 돌아가기만 하면, 주님께서 거룩한 영광의 역사를 우리를 통해 마음껏 이 땅에 펼치실 것이다. 그렇게 행하실 주님을 찬양한다. 주님은 살아 계신다.

나를 따라오라

주님 앞에서 생명에 이르는 회개를 하고 참된 그리스도의 생명을 가진 자에게 주님은 한 걸음 더 초대하신다.

'복음과 운명을 같이하자.'

주님과 운명을 같이하겠는가?

로마서에서는 이렇게 말하고 있다.

그러므로 형제들아 내가 하나님의 모든 자비하심으로 너희를 권하노니 너희 몸을 하나님이 기뻐하시는 거룩한 산 제물로 드리라 이는 너희가 드릴 영적 예배니라 롬 12:1

정말 예수 그리스도의 십자가를 통과하고 주 예수 그리스도를 나의 주로 영접한 사람은 예수 그리스도가 나의 주, 나의 하나님이 된다. 주님이 나에게 주신 놀라운 생애 가운데 당신의 전부를 주셨다면, 우리도 그분의 핏값으로 산 내 존재 전체가 그분의 것임을 인정해야 한다. 그리고 우리의 가장 소중한 것, 이것만큼은 안 된다는 마지막 것을 주님께 드려야 한다. 그러면 가장 값진 것을 주신 하나님의 사랑, 그분의 마음이 나를 사로잡는다.

주님은 베드로에게 '네가 나를 사랑한다면, 나를 따르라'고 말씀하신다.

> 그들이 조반 먹은 후에 예수께서 시몬 베드로에게 이르시되 요한의 아들 시몬아 네가 이 사람들보다 나를 더 사랑하느냐 하시니 이르되 주님 그러하나이다 내가 주님을 사랑하는 줄 주님께서 아시나이다 이르시되 내 어린 양을 먹이라 하시고 또 두 번째 이르시되 요한의 아들 시몬아 네가 나를 사랑하느냐 하시니 이르되 주님 그러하나이다 내가 주님을 사랑하는 줄 주님께서 아시나이다 이르시되 내 양을 치라 하시고 세 번째 이르시되 요한의 아들 시몬아 네가 나를 사랑하느냐 하시니 주께서 세 번째 네가 나를 사랑하느냐 하시므로 베드로가 근심하여 이르되 주님 모든 것을 아시오매 내가 주님을 사랑하는 줄을 주님께서 아시나이다 예수께서 이르시되 내 양을 먹이라 요 21:15-17

주님은 주님의 영광과 고난에 우리를 초대하신다. 진정한 회개란 주님의 이 거룩한 초대에까지 응하는 것이다. 내 멋대로 나 좋은 것, 나의 비전을 따라 하나님을 이용하고, 영생 보험으로, 죄책감 처리용으로 삼던 악행을 회개해야 한다.

내가 사랑하고 주인 삼았던 것을 내어던져야 한다. 이제 주만 사랑하고 오직 믿음으로 주님이 주인 되어 이끄시도록 나의 전 존재를 내어드려야 한다. 특별한 선교사나 목사가 하는 헌신이 아니라 거듭난 백성, 그리스도인이라면 오늘 동일하게 이 초대 앞에 서야 한다.

주여 들으소서 주여 용서하소서 주여 귀를 기울이시고 행하소서 지체하지 마옵소서 나의 하나님이여 주 자신을 위하여 하시옵소서 이는 주의 성과 주의 백성이 주의 이름으로 일컫는 바 됨이니이다 단 9:19

우리는 다니엘의 고백을 따라 이렇게 기도할 수 있다.

'주여, 이 일을 행하시되 주님 자신을 위하여 하시옵소서! 주의 이성과 백성을 당신의 이름의 영광을 위하여 살려주소서. 우리를 고쳐주소서. 우리를 회복시켜 주소서!'

회개함으로써 주님 품으로 달려가는 우리를 주님이 내치지 않으실 것이라는 마지막 확신은 우리에게 있는 것이 아니다. 우리는 주님에게서 나왔다. 그러므로 우리가 거룩한 도구로 사용될 수 없을 정도로 망가졌어도 우리는 주님의 것이다. 주님이 우리를 만드셨다. 잘났든 못났든 배반했든 무슨 짓을 했든 주님의 이름으로 일컬음을 받는다. 교회가 부끄럽고 염치가 없을 만큼 타락했을지라도 감히 주님께 구할 수 있다.

'주여, 우리가 주의 이름으로 일컬음을 받지 않습니까? 하나님, 당신의 이름을 위하여 당신의 영광을 위하여 당신이 친히 몸 된 교회를 지켜주옵소서.'

하나님의 영광을 위하여

믿고 의지하고 구할 마지막 근거는 하나님의 영광을 위하는 것이다. 회개는 우리의 유익을 얻고자 하는 것이 아니요, 빼앗긴 것을 찾고자 함이 아니다. 진정한 회개의 끝은 다른 게 아니라 주님의 영광을 위하여 하는 것이다. 왜냐하면 내가 주님의 영광을 위하여 창조된 자이기 때문이다.

내 이름으로 불려지는 모든 자 곧 내가 내 영광을 위하여 창조한 자를 오게 하라 그를 내가 지었고 그를 내가 만들었느니라 사 43:7

그것이 동서남북 어디에 멀리 내던져 있든, 아무리 깊은 수렁에 빠져 있을지라도 하나님이 그를 지었고 만들었기 때문에 하나님께로 오게 하라는 것이다.

두려워하지 말라 내가 너와 함께하여 네 자손을 동쪽에서부터 오게
하며 서쪽에서부터 너를 모을 것이며 내가 북쪽에게 이르기를 내놓으
라 남쪽에게 이르기를 가두어두지 말라 내 아들들을 먼 곳에서 이끌
며 내 딸들을 땅 끝에서 오게 하며 사 43:5,6

우리의 운명은 주의 이름과 함께한다. 하나님의 영광을 위하여 창
조되고, 예수님의 핏값을 주고 산 우리의 삶을 주님은 결코 포기하지
않으신다. 주님의 몸 된 조국 교회를 절대 포기하지 않으시고 반드
시 회복시켜 주신다.

그 이름의 영광을 위해서라도 다시 일으켜 세우셔야 한다. 다시 온
열방의 등대로 세우셔야 한다. 그리고 주님이 그 영광을 홀로 받으셔
야 한다. 이렇게 회개한 자, 이 길밖에 없는 줄 아는 자는 단호하게
외쳐야 한다.

'주여! 끊으라면 끊겠고, 버리라면 버리겠습니다. 돌아서라면 돌
아서겠고, 가라면 가겠으며, 떠나라면 떠나겠습니다. 주의 영광을
위하여 다시 한 번 회복시켜 주세요. 아무리 살을 떼내는 것같이 아
파도 잘못된 관계를 끊겠습니다. 더러운 죄를 버리겠습니다. 그 자
리를 박차고 일어나겠습니다. 이 길밖에 없는데 머뭇거리면 큰일난
다는 것을 압니다. 주여, 저에게 당신의 구원을 이루어주옵소서.'

십자가 사랑을 의지하라

하나님은 역사를 탓하지 않으셨다. 세상을 핑계대지 않으셨다. 하나님의 이름으로 일컫는 우리가 악한 길에서 떠나 진정으로 회개하면, 하나님이 우리의 부르짖는 소리를 듣고 그 땅을 고칠 것이라고 말씀하신다.

> 내 이름으로 일컫는 내 백성이 그들의 악한 길에서 떠나 스스로 낮추고 기도하여 내 얼굴을 찾으면 내가 하늘에서 듣고 그들의 죄를 사하고 그들의 땅을 고칠지라 대하 7:14

우리가 영원히 유일하게 부를 이름이 주님이시다. 생명 다해 사랑할 오직 한 분이 예수 그리스도이다. 이 복음이 우리 민족의 소망이며 온 인류가 나아갈 마지막 길이다. 이에 따라 역사의 운명이 달라질 것이다. 주님의 이 거룩한 초청과 회개가 우리에게서 이루어진다면 그 불길이 땅 끝까지 번져나갈 것이다.

'주여! 살려주소서. 고쳐주소서. 새롭게 하소서.'

'네가 어디에 있느냐'고 물으시는 주님 앞에서 우리가 떠나야 할 자리, 벗어나야 할 길을 가고 있다면 끊고 뽑고 자르고 떠날 각오를 해야 한다. 우리에게는 선택이 아니라 그 길밖엔 없다. 오늘 그 주님 앞에 이렇게 고백할 수밖에 없다.

'오, 주님! 저를 살려주시옵소서. 제가 이 순종의 길, 생명의 길, 십자가로 달려가겠고, 복음을 복음되게 하는 결단의 자리에 서겠습니다. 살든지 죽든지 주님 손 안에 있으니 복음과 운명을 함께하겠습니다.'

자신의 생애에 다시 돌이킬 수 없는 요단강을 건너듯이, 자신의 인생을 결단하며 드리길 원하는 자, 생명길을 선택하기를 원하는 자, 크든 작든 자신의 전 존재가 걸린 처음 구원에 이르는 회개를 할 사람은 우물쭈물 유야무야 머물러 있던 자리에서 주님을 따라나서야한다. 그렇게 살겠다고 결단하기 원하는 자는 고백해야 한다.

'주님, 살려주십시오. 주님, 고쳐주십시오. 주님이 행하실 길을 믿기에 선택의 여지없이 저를 드리겠습니다!'

또 하나의 감동으로 끝나는 시간, 또 하나의 행사가 아닌 역사의 운명을 갈라놓는 시간을 맞이하길 바란다. 조국 교회와 민족이 주님을 진정한 주인으로 삼아야 하고, 사랑을 받는 자녀답게 살아야 한다. 지금 가능하다. 살아 계신 주님께로 돌아가자. 십자가로 나아가자. 복음과 운명을 같이하자.

두 손을 높이 든 채로 기도할 때, 이미 성령께서 경책하시고 말씀하셨던 그것, 살길을 찾아 피어오르듯이 십자가의 보혈을 의지하여나가자. 양심의 가책을 느끼며 우물쭈물했던 그곳에서 뛰쳐나와 십자가의 보혈을 바라보자. 하나님은 우리를 외면하실 수 없다. 귀를

막고 돌아서실 수 없다. 우리를 무시하실 수 없다. 그분의 십자가 사랑에 의지하여 담대히 나가자.

PART 02

오직
성경으로

오직 성경만이 하나님의 저주의 심판 아래에 놓여 죄에 종노릇하는 인간에게 주시는 유일한 구원의 지혜다. 수많은 종교 안에 여러 신이 있지만 진정 우리를 흑암의 권세에서 건져 의로우신 하나님께 인도하여 영생을 얻게 하는 것은 성경밖에 없다. 유일무이한 구원의 지혜는 오직 하나님의 말씀, 성경에만 담겨 있다.

05

CHAPTER

말세에
고통하는 때가 이른다

절체절명의 기로에 있었던 한 시대

하나님의 말씀을 맡았던 중세 교회가 주님의 십자가의 복음을 집어던지고, 행위로 구원을 얻는다는 진리에서 벗어난 암흑의 때를 맞았다. 율법의 저주와 흑암 속에서 죄에 매여 종노릇하다가 어떠한 종교의 힘과 사상, 철학으로도 헤어나올 수 없다는 사실을 깨닫고 한 청년이 말씀을 붙들었다.

아무리 울고 몸부림쳐도 바꿀 수 없는 존재의 절망 앞에 털썩 주저앉았다. '이래선 안 되지. 그럴 수 없지' 하다가 성경의 오래된 진리가 그 눈을 밝혔다! 바로 로마서의 한 말씀이 이 청년의 마음을 흔들었던 것이다.

복음에는 하나님의 의가 나타나서 믿음으로 믿음에 이르게 하나니
기록된 바 오직 의인은 믿음으로 말미암아 살리라 함과 같으니라

롬 1:17

억겁 같은 죄악의 저주와 존재적 절망 가운데로 영혼의 빛이 찾아
들었다. 우리를 구원하시는 하나님의 참된 의가 나타난 것이다. 한
청년이 십자가 구속의 의(義), 즉 오직 은혜로 주어지는 영원한 하나
님의 복음, 오직 믿음으로 말미암아 구원을 얻는 이신칭의(以信稱義)
의 진리를 붙들었다.

그는 양심에 찾아온 해방과 자유 가운데 생명의 복음을 외쳐 암흑
을 깨뜨렸다. 인간을 속인 사탄의 머리를 깨뜨리신 하나님의 말씀을
찬양하고 모든 이에게 하나님의 영광을 나타냈다.

하나님의 말씀은 능력이 있다. 오늘도 하나님의 말씀은 태초에 천
지를 창조하셨던 말씀과 동일한 말씀이기에 억겁 같은 죄악의 사슬
을 끊어내고 우리에게 자유를 준다.

헤브론원형학교 어린 학생들이 로마서 1장 1절부터 3장 24절을
모두 다 함께 암송한다. 어린이들이 작은 가슴 안에 무슨 고민을 그
렇게 안고 있을까 싶지만 그들과 함께 진리를 고민하며, 복음의 말
씀 앞에 몸부림쳤다. 로마서의 복음이 그들에게 실제가 되게 하신 하
나님을 찬양한다.

영원한 창조의 말씀이요, 구원과 회복의 말씀이 다시 한 번 우리를 하나님 앞으로 초대하여 새롭게 하여 민족을 바꾸고 역사를 뒤집어 놓게 될 것을 믿는다. 열방을 구원하시는 하나님이 멋진 승리의 그날을 우리에게 허락하실 것이다! 우리는 다시 복음 앞에 서서, 오직 성경으로 돌아가야 한다!

역사의 비밀을 맡은 자

성경이 무엇을 말하는지 알고 역사의 비밀을 알아 일의 귀결을 아는 사람은 지금 무엇을 하고 앞으로 어떻게 살아야 할지를 알 수 있다. 일의 결국을 분명히 알고 인생의 귀결을 아는 사람은 어리석은 짓을 하지 않는다. 뻔히 망할 줄 알면서 거기에 빌붙어 살지 않는다. 헛된 꿈에 부풀어 객기를 부리지 않고 상황에 주눅 들지 않는다. 어느 편에 서야 할지 알기에 분명히 선택할 곳을 알고, 이기는 편에 선다.

하나님은 성경의 한 시대, 즉 아주 두려운 운명의 기로에 선 한 세대의 이야기를 우리에게 들려주고 있다. 그것은 요셉이 머물던 애굽의 운명이었다. 흐드러진 7년의 풍년, 애쓰지 않아도 흥청망청 살 기회가 주어졌는데, 이 풍년이 언제까지 갈 것이며 그 뒤에 어떤 두려운 날이 기다리고 있는지 아는 사람은 아무도 없었다. 그렇다면 7년의 풍년은 자칫하면, 그 시대 전부를 다 집어삼킬 만한 위기로 그들을 끌고 갈지도 모른다.

7년 풍년 뒤에는 7년 흉년이라는 한 세대를 멸망시킬 만한 무서운 일이 기다린다는 사실을 우리는 알지만 그 시대 사람들은 몰랐다. 지난 역사를 통해 우리는 7년 풍년이 그냥 주어진 게 아니라는 것을 안다. 일락에 푹 파묻혀 지나갈 날이 아니고 7년 저주를 이겨낼 만한 준비를 해야 하는 때였다. 큰 위기와 운명의 기로 앞에 선 그 세대에 하나님은 그분의 백성인 요셉에게 계시를 통해 역사의 귀결을 보이셨다.

바로가 꾼 꿈은 7년 풍년과 7년 흉년을 분명히 보여주는 암시였다. 그렇지만 하나님의 계시의 빛을 보지 못한 바로와 박수들은 알 길이 없었다. 그 시대 역사는 구원하실 수 있는 능력을 가진 하나님의 뜻을 아는 사람이 필요했다. 하나님의 비밀을 맡은 사람이 바로 역사의 키(Key)를 가진 사람이기 때문이다.

장담할 수 없는 인생의 기로 앞에서

요셉은 강간 미수범의 죄를 뒤집어쓴 불쌍한 청년에 불과했다. 사람들이 보기에는 미천하고, 별 볼 일 없는 사람이었으나 그는 남과 다른 게 있었다. 하나님이 그와 함께하셨다. 그는 하나님의 말씀을 들을 귀를 갖고 있었다.

하나님은 그에게 그분의 계시를 알려주셨다. 7년 풍년 뒤에 7년 흉년이 다가와 그들의 운명을 위협하는 무서운 덫이 기다리고 있음을 알려주신 것이다. 그는 하나님의 계시를 통해 그가 마땅히 선택해야 할 행동을 했다.

그에게 운명의 열쇠가 주어졌다. 우리는 한 치 앞도 모르는 사람들이다. 세상에 둘도 없는 현자도 우리의 미래를 알거나 결정할 수 있는 권한은 없다. 역사는 둘째 치고 내 앞에 주어진 내 몫의 인생, 5분 뒤의 일을 아무도 장담할 수 없고 머리카락 하나도 검게 할 수 없으며, 목숨의 길이를 한 자도 길거나 짧게 할 수 없다.

이때에 하나님의 역사의 비밀을 맡은 사람을 통해서 절체절명의 위기를 맞이했던 애굽과 그 세대의 사람들을 구할 수 있는 길이 열렸다. 하나님의 계시를 통한 놀라운 구원의 역사는 한 사람의 순종을 통해 이뤄졌다.

그는 애굽의 총리가 되어 7년 동안의 풍성한 결실을 그냥 낭비하지 않고, 가공할 만한 위기의 흉년을 살려내는 생명의 양식으로 바꾸었다. 동일한 일이 이 마지막 세대를 사는 우리에게 이뤄지고 있다.

너는 이것을 알라 말세에 고통하는 때가 이르러 사람들이 자기를 사랑하며 돈을 사랑하며 자랑하며 교만하며 비방하며 부모를 거역하며 감사하지 아니하며 거룩하지 아니하며 무정하며 원통함을 풀지 아니하며 모함하며 절제하지 못하며 사나우며 선한 것을 좋아하지 아니하며 배신하며 조급하며 자만하며 쾌락을 사랑하기를 하나님 사랑하는 것보다 더하며 경건의 모양은 있으나 경건의 능력은 부인하니 이같은 자들에게서 네가 돌아서라 딤후 3:1-5

고통이 가중되는 시대

급격하게 휘몰아치는 회오리바람처럼 가늠할 수 없는 역사의 소용돌이에 휘말린 채로 우리는 옛날의 10년과 비교할 수 없을 정도로 빠른 1년을 보내고 있다. 어쩌면 100년보다 더 빠른 10년을 지나고 있는 건지도 모른다. 너무도 급격한 변화 속에 정신을 쏙 빼놓도록 우리에게 달려드는 수많은 상황들이 있다.

이것이 희망적인 징조인지 멸망으로 끌고 가는 것인지 짐작할 수 없다. 한쪽에서는 무지갯빛 희망을 말하고, 다른 한쪽에서는 소망 없는 절망을 얘기한다. 그런데 누구 말이 옳은지 분별할 수 있는 기준도 없다. 우리는 정보의 홍수 속에 파묻혀 어떤 것이 쓸 만한 정보이고, 거기서 무엇을 분별해야 할지 모르는 시대를 살아가고 있다. 이때 주님은 우리에게 한 가지 분명한 사실을 아주 단호하고 간단하게 말씀해주신다.

너는 이것을 알라 말세에 고통하는 때가 이르러 딤후 3:1

말세에 고통하는 때가 이른다. 마지막 때가 가까워질수록 사람들은 무지갯빛 희망을 던져주는 과학만능주의에 빠져 하나님을 밀어내고, 인간의 지성이 만들어낼 수 있는 멋진 세상을 만들려고 한다. 인간들은 진화론으로 무장하고 인본주의로 단단히 채비해서 교만한 지식으로 이 땅에 닥쳐오는 모든 상황들 속에서 나름대로의 희망을 예언하고 노래한다. 그렇지만 성경은 단호하게 고통하는 때가 올 것이라고 말한다.

시간이 흐르고 문명이 발달해 우리 삶의 선택의 폭이 넓어진다고 해서 더 행복하거나 멋진 미래가 기다리는 것이 아니다. 주님 오실 날이 가까워질수록 점점 더 고통이 가중될 것이라고 말씀하신다.

고통은 고통으로 끝나지 않는다. 우리는 성경말씀을 통해 마지막 때가 어떻게 끝날지 분명하게 알 수 있다. 역사의 주인 되시는 주님께서 성경을 통해 악한 세상은 결국 하나님의 전 우주적인 심판을 향해 나아가고 있음을 알려준다.

시간이 흘러 마지막 때를 향할수록 희망적인 미래가 기다리고 있는 것이 아니다. 더욱 고통당하게 된다. 그러나 그냥 자연적인 세상의 불법은 영원하지 않다. 죄와 불법은 반드시 자멸하게 되어 있다. 그것이 영원하다면 모순이다. 선을 벗어난 악, 진리를 벗어난 불법은 자체 속성이 죄이므로 자멸하거나 파멸될 수밖에 없다.

하나님을 떠나 진리를 저버린 자연적인 세상은 새로울 것도 없고,

놀라울 것도 없다. 하나님을 떠난 세상과 죄인들의 반응은 아담의 타락 이래로 지금까지 변한 적이 없다. 시대가 바뀌고 문명이 바뀌어도 점점 더 지독한 자기사랑과 돈 사랑, 자랑과 교만, 비방과 도덕적인 타락, 지독한 쾌락주의와 물질만능주의, 인간의 교만한 바벨탑은 끝을 모르고 쌓여져간다.

얼핏 보면 사람들이 자랑하는 진화론이나 인본주의, 과학만능주의나 다원주의, 상대주의나 세속주의, 인간의 지혜와 철학이 희망을 던져주는 것처럼 보인다. 그러나 우리가 지금 바라보는 세대에는 심각한 생명의 문제, 평화와 평등, 인권에 관한 문제, 가난과 질병에 관한 문제, 환경오염에 관한 문제들이 우리의 목을 바싹 조여오고 있다.

인간의 탐욕이 만든 세상

열방의 주인이신 하나님의 마음으로 조금만 관심을 갖고 세상을 보면 편안히 밥 먹는 것이 죄의식으로 느껴질 정도다.

우리 사회 중산층 연봉 정도면 경제적 측면에서 전 세계 인구 중에 상위권 안에 든다고 한다. 전 세계가 우리와 같은 수준으로 사는 것이 아니다. 지금 온 세상은 탄식과 두려움, 고통 가운데 있다. 이런 세상을 해결해보려고 인간적인 노력을 기울여보지만 점점 더 미궁에 빠지고 희망은 보이지 않는다.

성경은 전쟁을 막을 수 있다고 말하지 않는다. 유엔의 어떤 노력으로도 전쟁을 막을 수 없다. 앞으로도 불가능할 것이다. 또한 인간의 탐욕을 멈추지 않는 한 환경보호를 한다고 해서 문제가 해결되지 않는다. 선진국에서 쌀 1킬로그램씩만 나누면 지금 현재 지구촌에서 굶고 있는 모든 사람이 다 먹고살 수 있다고 한다.

몇 해 전 통계인데, 우리나라에서 음식물 쓰레기로 버려진 것만도 8조가 넘는다고 한다. 음식물 쓰레기만 제대로 관리해도 가난하고 어려워서 기근 선상에 있는 사람들을 충분히 먹여 살릴 수 있다. 지구 한쪽에서는 많이 먹어서 살을 빼느라 문제인데, 다른 쪽에서는 없어서 못 먹고 죽는 사람이 발생한다. 누가 이 탐욕을 막을 수 있겠는가?

함께 골고루 땅을 나눠가지고 살면 집 없는 사람이 존재하지 않는다. 주님이 만드신 지구촌은 지금도 충분히 넓다. 그런데 탐욕을 가진 사람은 절대 내가 가지고 있는 것에서 만족을 누리지 못한다. 집한 채로 만족하지 못하고 여러 채를 원하며 더 넓은 집을 추구한다. 전 국민의 숫자보다 집 숫자가 많은데도 전세방과 월세방을 전전하는 사람이 많다. 이 불평등은 여전히 해결되지 않는다.

이런 자연적인 세상을 보아도 말세는 고통하는 때가 될 것이다. 짧은 한국의 역사만 봐도 알 수 있다. 경제적으로 넉넉해져 먹고살 만하면 사람들이 도덕적으로 성숙하고 너그러운 마음을 가질 줄 알

왔다. 곳간에서 인심 난다는 말이 있듯이, 배가 고프니 사람들이 짜증을 내고 여유가 없어서 싸움을 하는 줄 알았다. 먹을 게 많아지면 사람들이 넉넉해져 싸우지 않을 것이라고 생각했다. 그러나 먹고살 만해지고 소유가 늘어나자 무저갱 같은 인간의 탐욕은 더 깊어져 막을 길이 없게 되었다.

도덕적인 향상을 기대해보지만 그것도 불가능하다. 부모를 거역하고 권위를 대적하며, 감사치도 않고 거룩하지도 않으며, 무정하고 원통하며, 모함하고 절제하지 못하며, 사납고 선한 것을 좋아하지 않는다. 인간의 죄성은 상황만 잘 맞춰주면 순화되는 것이 아니라 점점 더 기승을 부린다.

위기에 직면한 교회

또 하나 이 시대가 운명의 기로에 선 위기의 시대라고 짐작하지 않을 수 없는 것은 교회의 모습이다. 바로 당신과 나의 모습이다. 교회는 대내외적 도전 앞에 서 있다. 세상은 교회를 가만두지 않는다.

속이는 자들이 이리 떼와 같이 교묘하게 변질된 복음으로 다가와 정확하고 분명하며 확실한 복음을 흐릿하게 만들어 알 수 없게 한다. 인간들의 비위에 맞추고, 취향에 맞게 뒤섞어놓는다. 어디까지가 진짜이고 가짜인지 알 수 없을 만큼 혼돈스럽게 하는 바람에 분명하고 명료하여 아침 햇빛보다도 뚜렷한 십자가의 진리를 가려 헷갈리게 한다.

몇십 년 동안 실컷 신앙생활을 하고도 복음을 모르는 채 사는 경우가 있다. 죽기 전에 회개할 기회가 있으면 괜찮은데 그렇지 못하면, 열심히 예수님을 믿는다고 착각했지만 결국 버림받게 된다.

나더러 주여 주여 하는 자마다 다 천국에 들어갈 것이 아니요 다만 하늘에 계신 내 아버지의 뜻대로 행하는 자라야 들어가리라 그 날에 많은 사람이 나더러 이르되 주여 주여 우리가 주의 이름으로 선지자 노릇 하며 주의 이름으로 귀신을 쫓아내며 주의 이름으로 많은 권능을 행하지 아니하였나이까 하리니 그때에 내가 그들에게 밝히 말하되 내가 너희를 도무지 알지 못하니 불법을 행하는 자들아 내게서 떠나가라 하리라 마 7:21-23

주의 이름을 부르고 주의 이름으로 사역하면서 능력을 행한 사람 중에도 이런 끔찍한 결과를 맞이하는 사람이 있다. 이것은 진리를 가지고 속이는 사람들에게 우리가 얼마나 잘 속을 수 있으며, 그로 인한 위험천만한 일이 어디까지 진행될 수 있는지를 보여준다. 위험한 일이 사역의 현장까지 파고들어 예배당 안에도 들어올 수 있다. 뿐만 아니라 3대, 4대, 5대째 믿음의 가문들도 속아 넘어갈 수 있다는 것은 우리를 섬뜩하게 만든다.

더욱이 이 교리를 가지고 아주 사악한 이리 떼처럼 사이비 이단들이 무차별 공격을 가하며 교인들을 사냥한다. 그래서 복음을 잘 모르는 연약한 영혼들이 그들의 목마름이 어디서 오는지 모른 채, 성경이라는 말만 듣고 뭉텅뭉텅 떨어져 나갔다는 얘기를 들을 때면 안타깝기 그지없다.

여기에 가슴이 섬뜩해지는 말세의 고통하는 때에 대한 중요한 말씀이 나온다.

경건의 모양은 있으나 경건의 능력은 부인하니 이같은 자들에게서 네가 돌아서라 딤후 3:5

입에 발린 경건

어느 교회나 내적인 위기와 외적인 압력이 있다. 또한 이리 떼처럼 물어뜯으며 노골적으로 방해하고 박해하는 세력이 존재한다. 이보다 안타까운 것은 성경이 말하는 진리를 교육받고 제자훈련을 받아서 알고 있는데 경건의 모양만 갖고 있는 사람이다. 이들은 성경적이고 정통적인 교리를 믿으며, 건전한 교회의 구성원 안에 있으면서 남보기에 튀지 않게 균형 잡힌 모양을 갖고 있지만 경건의 능력을 부인한다.

살아 계신 하나님을 향하여 믿는 척, 아는 척, 경건한 척하는데 경건의 능력을 부인한다. 여기서 '경건'은 하나님을 대하는 태도를 말한다. 이것은 살아 계신 하나님을 두려워하는 코람데오의 신앙이다. 죽은 하나님, 관념의 하나님, 지식의 하나님, 관습의 하나님이 아니라, 옆에 앉아 눈뜨고 있는 사람보다도 더 분명하고 생생하게 함께 하시는 하나님의 은총과 거룩한 임재 앞에 사는 경건이다!

하나님의 거룩은 입에 발린 거룩이 아니다. 진정한 거룩은 살아 계신 하나님과 동행하는 삶이다. 교리적 동의나 종교적 의식이 아니라 주님과 동행하는 삶이 실제가 되는 것이다.

그런데 경건의 모양은 갖추었는데 그 실제를 부담스러워하고 거부하는 사람이 생긴다. 종교 보험 들듯이 영생을 확보해놓고, 죄책감을 떨쳐내며 위안을 받기 위해 종교의 모양을 갖기 원하면서도 경건의 능력을 부인하는 때가 온다. 이렇게 경건의 모양만을 갖춘 사람들이 우리 주변을 빙 둘러쌀 때가 말세의 고통하는 때다.

말세의 특징

말세에 고통하는 이유가 무엇인가. 먼저는 세상이 타락했기 때문이다. 이것은 새로울 것이 없고 문명이 발전할수록 더욱 속도가 빨라진다. 상온에서 세균의 번식력이 확 높아지듯이, 죄인은 많이 배우고 넉넉해지며 삶이 안락해져 상황과 조건이 충족되어도 선한 행동을 하지 않는다.

성경 역사를 보면, 타락한 아담의 역사는 춥고 배고프며 얻어터질 때는 불쌍한 모습으로 하나님 앞에 울면서 회개했다. 그러다가 하나님이 살려줘서 배부르고 등이 따뜻해져 상황이 좋아지면 다시 타락했다!

그러니까 이 세상이 앞으로 말세에 어떻게 악한 죄인의 모습을 충만하게 드러낼 것인지에 대해서는 연구할 필요가 없다. 놀랄 것도 없다. 문제는 악한 세상 한복판에 두신 하나님의 교회다. 말세에 고통하는 때가 이르러, 그 도가 지나치면 다음과 같은 현상이 나타난다.

> 무릇 그리스도 예수 안에서 경건하게 살고자 하는 자는 박해를 받으리라 딤후 3:12

처음에는 믿음으로 못 사는 것을 미안하게 생각하던 대다수의 사람들이 나중에는 경건하게 사는 사람, 하나님을 두려워하고 하나님과 실제로 동행하는 사람을 보면 시기하고 질투한다. 더 나아가 경건하게 사는 사람을 핍박한다. 그들은 적당히 죄를 짓고 살면서 이렇게 말한다.

"너만 믿냐? 너만 그렇게 믿음이 좋아? 그래, 너 거룩하다."

믿음으로 살고자 하면, 믿음으로 살지 않는 사람들이 부러워하거나 그렇게 살지 못하는 자기 자신을 부끄러워하는 것이 아니다. 오히려 그들을 죽이려 한다. 경건하게 살고자 하는 자를 그냥 두면 자신의 양심이 가책을 받아 견딜 수 없기 때문이다. 성경은 이런 때가 반드시 오고, 앞으로 더 심해질 것이라고 말한다. 사실 이미 그런 시대에 와 있다.

많은 위기를 겪으며 세상은 점점 더 타락하고 사악해진다. 비도덕적으로 변해 말로 다할 수 없는 죄의 뻔뻔함, 부끄러움을 영광으로 삼는다. 육적이고 향락적인 것은 굳이 다른 나라를 기웃거리지 않아도 알 수 있다. 우리 주변을 보면 된다.

길을 갈 때 시선을 둘 데가 없다. 모두가 스마트폰을 들여다보고 있다. 스마트폰을 버릴 수도 없고 갖고 있자니 구별해야 할 게 한두 가지가 아니다. 인터넷이 통용되는 시대이니 안 쓸 수도 없고 어디에서 어디까지가 죄인지 구별하기도 어렵다. 정말 어려운 때다. 적군과 아군을 식별하기가 어려운 때, 선과 악의 기준이 흐트러져 고통하는 때이다.

이때 보이지 않는 하나님을 보이는 하나님처럼 믿으며 살아 계신 하나님의 가치를 붙들고 믿음으로 사는 사람은 핍박을 받게 되어 있다. 그런데 이런 혼돈과 핍박의 시대를 우리가 취사선택할 수 있는 것은 아니다. 어느덧 우리는 그러한 시대의 한복판에 들어와 있다.

요셉에게 주어졌던 애굽의 7년 풍년은 단순히 풍년으로 끝나는 것이 아니었다. 그것은 세대의 운명을 결정짓는 중요하고 절박한 기회였다. 마찬가지로 아직은 한국 교회가 이만큼 살아 있고, 공개적으로 성경책을 빼앗기거나 채찍에 맞거나 감옥에 들어가지 않는다.

아직은 마음껏 성경을 읽을 수 있고, 말씀을 들을 수 있으며, 진리에 귀 기울이는 분위기다. 아직은 발목이 성해서 은혜의 자리, 예배의 장소에 찾아갈 수 있다. 그러나 이런 때가 언제까지 계속되지는 않는다. 그 뒤에는 말세의 고통하는 때가 기다리고 있다. 그때는 모든 삶에서 자유를 빼앗기고 심하게 압박을 받게 될 것이다.

잃어버린 복음의 능력

혼돈과 핍박의 한복판에 사는 이때에 경건의 모양은 있으나 능력을 부인하는 이들이 우리 자신이 아닌지 점검해봐야 한다. 내 삶 속에 진정한 복음의 능력이 있고, 하나님의 말씀으로 인해 두려워 떠는 역사가 나타나고 있는가? 아니면 돈과 세상의 여론과 유행, 세상의 인기와 재미를 잃게 될까 봐 두려워하고 있는가? 하나님의 말씀과 영원한 가치는 어떻게 되든 상관없는 모습이라면 위험하다.

우리는 진리를 앞에 놓고도 보지 못하며 항상 진리보다 현실이 앞서는 이야기를 한다. '현실은 부조리한데 어떻게 말씀대로 살 수 있느냐'고 반문하며 말씀보다 현실과 자기 자신의 입장, 사람들의 여론을 상위에 둔다. 결론은 항상 현실이었지 진리가 아니었다.

그렇게 세상에 치여 살다 보면 우리는 필연적으로 개인적인 삶의 한계에 도달하게 된다. 사람이 나이가 젊으면 언제까지 젊겠는가?

　　그러므로 모든 육체는 풀과 같고 그 모든 영광은 풀의 꽃과 같으니
　　풀은 마르고 꽃은 떨어지되 벧전 1:24

　　주님은 우리에게 분명하게 말씀하신다. 이 세상도 정욕도 반드시
지나간다. 언젠가 낡고 변하여 사라질 것이다. 그런데 일락에 빠져
결단하지 않고 결과를 유보하게 되면 결국 휩쓸려서 떠내려가고 만
다. 낙엽이 떨어져 흩날리는 것처럼 우리 삶이 떠밀려갈 수밖에 없다.
　　혼돈스런 시대를 살면서 경건에 힘쓰고, 복음을 사모하며 주님을
사랑하고 진리를 따라 살고 싶어 하는 목마름을 가진 이에게 주님이
주시는 단순하고 명확한 해답이 있다. 주님이 하시는 말씀을 듣고
순종하겠는가?

　　그러나 너는 배우고 확신한 일에 거하라 너는 네가 누구에게서 배운
　　것을 알며 딤후 3:14

　　배우고 확신한 터 위에 거하기 위해 '다시 복음 앞에, 오직 성경으
로' 돌아오라고 한다. 사람들은 속고 속이기도 하며 혼란스런 마음
으로 죄된 세상을 살아간다. 홍수처럼 밀려오는 세속적 도전과 유혹

앞에 성도들이 무기력하게 쓰러진다. 경건의 모양은 있으나 능력을 부인한다. 그저 오롯이 진리를 결론 삼고 하나님 편에 서서 믿음으로 순종하겠다는 사람을 핍박한다. 경건하게 살고자 하는 사람은 핍박을 각오해야 한다.

우리가 당하는 염려 속에서 좌우를 두리번거리며 미래가 어디로 흘러갈지 혼란스러운가? 말세는 고통하는 때가 될 것이다. 혼돈스런 시대가 될 것이고, 속고 속이며, 경건의 능력을 부인하는 자들에게 핍박받는 때가 될 것이다. 이렇게 주님은 앞으로 다가오는 때에 대해 말씀하시고, 교회를 향하여 말씀하신다.

주님은 이럴 때 발 빠르게 눈치껏 이 세상을 살피며 앞서서 세상보다 더 빨리 나가며 다른 인간적인 대책을 세우라고 말씀하지 않으셨다. 우리가 듣고자 하는 상식에 맞고 우리가 지금까지 살아왔던 방식에 맞게 말씀하지 않으셨다. 주님의 말씀은 아주 단순하고 명료하다. 이런 때가 다가와 말세가 진행되고, 점점 위협이 가까이 오며, 혼란스러워서 분별하기 어려울수록 배우고 확신한 일에 거하라고 말씀하신다.

한국 교회의 힘
한국 교회는 특별히 기독교 이천 년 역사에 드물게도 절망의 때에 복음을 받았는데도 하나님께서 은혜를 베푸셔서 처음부터 말씀에 기초한 신앙으로 뿌리를 내렸다. 초기에 은혜를 베푸시던 때에 복음을 증거하러 올 때 내부에서 일어난 사람들 가운데 만주의 홍삼장수였던 서상용, 백홍준 같은 장사꾼들이 있었다. 그들은 복음을 받은 후 목숨을 걸고 성경을 밀반입하기 시작했다.

또 이수정이라는 사람이 사절사로 일본에 갔다가 선교사를 만나 복음을 듣고, 하나님의 진리의 말씀에 맞닥뜨렸다. 반만년 동안 우상숭배의 죄와 인습에 묶인 채 망해가는 민족의 어둠을 어떻게 헤치고 나아가야 하는지 아무리 궁리해도 길이 보이지 않던 그때에 하나님의 복음을 만나고 나서 뒤집어졌다.

'바로 이게 우리 민족이 들어야 하는 말씀이구나. 이것이 우리 민족에게 빛을 던져주는 길이요, 우리가 살길이구나!'

그렇게 목숨 걸고 성경을 번역하는 일에 착수했고, 결국 나중에 그 일 때문에 순교하게 된다. 한국 교회는 처음에 암담하고 막막했지만 복음을 받을 때부터 생명 걸고 성경을 전해왔다. 성경을 사랑하며 성경에 뿌리를 둔 믿음을 가졌다. 하나님의 말씀을 그냥 값없이 받지 않았다. 권서인(勸書人), 쉽게 말하면 성경 판매원들이 전국 방방곡곡을 다니며 성경을 팔았고, 순전하게 말씀을 받은 사람들은 이 진리에 자기 목숨을 걸었다.

하나님께서 한국 교회에 복을 주셔서 말씀사경회를 통해 부흥이 일어났다. 말씀에 기초를 두고 목숨 걸고 순교하며 믿음을 지켜왔다. 말씀을 지키는 일에 대한 열심이 특심했다.

하나님은 마지막 혼돈의 때를 살아가는 사람들에게 큰 은혜를 베 푸시며 성경을 허락해주셨다. 이 진리의 말씀을 받았던 믿음의 선조 들처럼 우리는 배우고 확신한 일에 거해야 한다. 지금 모두가 탄식 하고 위기에 놓인 한국 교회를 걱정하고 돌파하려는 일들이 일어나 고 있다. 수많은 이론과 여러 가지 운동으로 새롭게 해보겠다는 노 력을 하고 있다. 이때 주님이 너무도 분명하게 한국 교회를 향해 하 시는 말씀이 있다.

"한국 교회여! 배우고 확신한 그 터에 다시 견고히 서라! 말씀으로 돌아가라! 복음으로 돌아가라! 진리가 결론이 되게 하라!"

이 진리에 목숨 걸고 돌아오라고 외치는 음성을 들어야 한다. 왜 냐하면 성경은 이 세상의 어떤 철학과 종교, 인간적인 이데올로기도 줄 수 없는, 그리스도 예수 안에 있는 믿음으로 말미암아 구원에 이 르는 지혜가 있기 때문이다.

오직 성경만이 하나님의 저주의 심판 아래에 놓여 죄에 종노릇하 는 인간에게 주시는 유일한 구원의 지혜다. 수많은 종교 안에 여러 신이 있지만 진정 우리를 흑암의 권세에서 건져 의로우신 하나님께 인도하여 영생을 얻게 하는 것은 성경밖에 없다. 유일무이한 구원의 지혜는 오직 하나님의 말씀, 성경에만 담겨 있다.

06
CHAPTER

성경이
무엇을 말하는가

지혜와 권능의 말씀

모든 성경은 우리에게 한낱 죄책감을 떨쳐내는 정도가 아니요, 지옥에서 천당으로 가는 존재로 바꾸는 정도만이 아니라, 하나님나라를 누리는 승리의 지혜와 능력을 준다. 분명히 하나님의 말씀에는 지혜와 권능이 함께한다.

성경은 능히 너로 하여금 그리스도 예수 안에 있는 믿음으로 말미암아 구원에 이르는 지혜가 있게 하느니라 모든 성경은 하나님의 감동으로 된 것으로 교훈과 책망과 바르게 함과 의로 교육하기에 유익하니 이는 하나님의 사람으로 온전하게 하며 모든 선한 일을 행할 능력

을 갖추게 하려 함이라 딤후 3:15-17

주님께서 말세에 고통하는 때를 말씀하신다. 우리는 헛된 무지갯빛 뜬구름 같은 허망한 꿈에 속지 않으며, 유행에 떠밀려가지 않아야 한다. 요셉은 그 시대의 모두가 우왕좌왕할 때, 하나님의 비밀스런 계시를 듣고 마땅히 해야 할 일을 알았다. 마찬가지로 오늘 우리도 눈을 똑바로 뜨고 역사의 비밀을 맡은 자로 나아가야 한다.

이 시대의 희망이요, 민족의 희망은 하나님의 말씀을 통해 역사의 귀결을 알고 인생의 운명을 쥐고 있는 교회이다. 그런데 거룩한 비밀을 맡은 교회가 성경을 등한시하고 복음을 저버린다면 어떻게 되겠는가? 교회가 아닌 곳에서도 할 수 있는 다른 것으로 교회를 채운다면 그것은 직무유기요, 하나님 앞에서 심판을 피할 수 없는 무섭고 두려운 일이다.

다른 건 몰라도 교회에 가야만 알 수 있는 것이 있다. 교회가 서 있는 진리의 터와 기둥이 있다. 하나님의 거룩한 교회가 생명처럼 붙드는 것은 바로 우리의 영원불변한 복음이다. 하나님의 말씀은 세세토록 존재한다.

주님이 영원한 복음을 우리에게 주시고, 진리를 통해 영원한 구원과 승리를 이 땅에 드러내는 하나님의 교회로서 유일하게 허락해주신 무기가 하나 있다면 그것은 성경이다. 하나님의 말씀을 주신 것이다. 그리고 우리에게 배우고 확신한 일에 거하라고 말씀하신다. 즉 다시 복음 앞에, 오직 성경으로 돌아오라는 것이다!

"기웃거리며 쭈뼛거리지 말아라!"

성경의 진리 위에 우뚝 서서 좌로나 우로나 치우치지 말고 누가 떠들어도 개념치 말고 오직 진리의 길을 올곧게 걸으라고 말씀하신다. 걱정하거나 잴 것도 없다. 왜냐하면 하나님의 말씀은 영원하여 반드시 그대로 이뤄질 것이기에 궁금할 것도, 의심할 것도 없는 가장 확실한 길이다. 가장 정확하고 당당하게 걸을 수 있는 길은 말씀을 따라가는 길이다.

가장 지혜롭고 옳은 길을 따라

성경말씀대로 사는 것이 인생의 가장 큰 지혜요, 옳은 길이다. 그런데 많은 이단이 성경으로 우리를 얼마나 혼돈스럽게 만드는지 모른다. 그들은 사람들이 예수님을 어떻게 믿는지 알기에 집요하게 성경을 사용해서 성도들의 넋을 빼고 속인다.

허접한 이단들은 몇몇 성경구절을 초보적인 지식으로 전해서 어느 정도 들어보면 속내가 드러난다. 그런데 고단수 전략을 가진 이단은 미묘하게 접근해서 성경을 어지간히 읽은 사람조차도 구분이 어려울 만큼 사람 넋을 홀랑 빼놓는다. 예를 들어 요즘에 잘나가는 이단이 있다. 비유풀이나 성경풀이로 접근하는데 결국 이만희라는 교주가 재림주라는 것으로 귀결된다.

나는 컴퓨터를 잘 사용하지 못하는 컴맹이다. 내가 컴퓨터를 하도 못하니까 주변 사람들이 답답해서 말했다.

"컴퓨터를 만든 사람도 있는데, 쓰는 사람이 배우는 데 신경 써야 할 것 아니에요!"

그래도 컴퓨터는 하드웨어와 소프트웨어로 구성되어 있고, 온도에 민감하며, 충격에 약하다는 것쯤은 안다.

한번은 성능 좋은 노트북을 선물받아서 전 세계를 여행할 때 가지고 다녔는데 여간 신경 쓰이는 게 아니었다. 충격에 약하다고 하니까 나는 넘어져도 컴퓨터는 절대 품에서 안 떨어지게 하고, 나는 먼지가 많은 지역에서 자도 컴퓨터는 청정지역에 놓고 잤다. 나는 얼어 죽어도 되지만 컴퓨터는 온도에 약하니 모시고 다니느라 힘들었다.

내가 컴퓨터를 끄고 켜는 데 3년이 걸렸다. 이렇게 쓰지도 못하고 3년이 지나니까 버전(version)이 낮아서 사용할 수가 없었다. 내가 컴퓨터를 아는 정도로 성경을 아는 성도가 한두 명이 아니다. 성경에 대해서 듣기는 엄청 들었다.

"성경은 살아 계신 하나님의 말씀이야. 그런데 그 말씀대로는 못 살아."

엉뚱한 이야기를 듣고 이상한 말을 하는 사람도 있다.

"하나님이 예정하셨으면, 알면서도 왜 선악과를 만드셨지?"

이런 류의 질문을 하는 사람은 주로 성경말씀을 알쏭달쏭 헷갈리게 아는 모태신앙자들이다. "히스기야서 1장 13절을 찾으라"고 하면 정신없이 헤매며 찾을 사람이 한두 명이 아니다(히스기야서는 없다). 성경을 대강 알고 있으니까 여호와의 증인이 와서 몇 구절만 얘기해도 넘어가는 사람이 있다. 사탄도 말씀을 갖고 예수님을 시험했다.

물론 우리가 신학자도 아닌데 어떻게 다 알겠는가? 만날 성경 난해구절만 연구하고 있으면 누가 밥을 하겠는가? 그렇게 모든 것을 다 알아야만 하는 성경이라면 누가 구원을 받을 수 있겠는가! 주님은 그렇게 복잡하게 하지 않으셨다. 다만 구원은 하나님의 어마어마한 지혜고 능력이므로, 우리가 온전히 받고 누려야 한다.

성경에 많은 내용의 글이 있다. 그런데 곁가지 말씀을 가지고 와서 본 뿌리를 흔드는 사탄의 무서운 전략으로 인해 성경을 끌어안고 망해서는 안 된다. 성경을 대강 아니까 말씀대로 살기 어렵고 복음대로 살기 어렵다는 말이 나온다. 나를 가르치고 훈련하신 분들이 야단치고 훈련하며 했던 말들이 있다.

"말씀대로 살 수는 없다. 사람이 그렇게 말씀대로만 살면 안 된다. 어떻게 사람이 현실을 살면서 말씀대로만 살 수 있겠는가?"

말도 안 되는 논리로 이런 말의 타당성을 강변하고 설득하며 가르쳤다. 그런데 하나님이 말씀대로 살 수 없는 말을 우리에게 하셨으면 진짜 이상한 분이 아니겠는가? 실천하지도 못할 사항을 말씀으로 명시해놓고, 왜 말씀대로 살지 못하느냐고 트집잡는 모습이지 않은가? 절대로 그럴 수 없다. 이것은 우리가 하나님의 말씀을 오해했기 때문이다. 분명히 믿는 사람은 말씀대로 살아야 한다.

하나님의 입에서 나오는 말씀

성경을 꽉 짜면 무엇이 나올까. 성경이 목숨 걸고 외치는 핵심 진리가 있다. 이 진리를 알고 나면 성경을 갖고 장난할 수 없다. 어떤 이단도 방해할 수 없다. 오히려 이단이 전도받고 뒤집어져야 한다.

언제 한번 여호와의 증인이 내게 와서 자기는 성부와 성자를 안다고 했다. 내가 물었다.

"그럼, 예수님의 이름으로 기도하는 것도 믿니?"

그는 나를 속이려고 짧게 대답했다.

"예."

나는 기회를 놓치지 않고 말했다.

"그럼 나하고 기도 좀 하자."

망설일 틈 없이 곧바로 그를 위해 기도해줬다.

"주여! 이 영혼의 머리에 쇠똥이 앉아 있습니다. 이상한 것을 듣고 정신 사납게 살고 있는데, 이 쇠똥을 벗겨주시고 홀렁 뒤집어져서 성경의 진리를 바로 알게 하소서."

십자가의 진리를 바로 알도록 예수 그리스도의 이름으로 기도했더니, 그다음부터는 나타나지 않았다. 똑똑하고 야무지며 계산도 잘하는 사람들이 멀쩡하게 신앙생활한다고 하면서 어떻게 예수 믿는 일에만 그렇게 눈을 감고 무지하여 연약할 수 있는지 모르겠다.

잡다한 말과 이론, 설득력 있는 합리적인 논리가 중요한 게 아니다. 성경이 무엇을 말하고 있고, 하나님이 성경을 통해서 우리에게 하시는 말씀이 무엇인지 알아야 한다. 유행을 따라갈 것도 아니고 유명한 학자를 맹신할 것도 아니다. 우리가 믿고 따라야 할 운명은 오직 살아 계신 하나님의 말씀이다.

말씀이 가라고 하면 가고, 멈추라고 하면 멈춰야 한다! 말씀이 그렇다면 그런 것이다! 주님이 말씀하시면 내가 나아가고, 주님 뜻이 아니면 내가 멈춰서는 것이다. 우리의 가고 서는 것, 우리의 모든 것이 다 주님 손 안에 있다.

주의 말씀은 내 발에 등이요 내 길에 빛이니이다 _시 119:105_

사람이 떡으로 사는 것이 아니요, 하나님의 입에서 나오는 모든 말씀으로 사는 것이다. 그러면 성경이 무엇을 말하고 있는가!

성경이 무엇을 말하느냐 아브라함이 하나님을 믿으매 그것이 그에게 의로 여겨진 바 되었느니라 … 그에게 의로 여겨졌다 기록된 것은 아브라함만 위한 것이 아니요 의로 여기심을 받을 우리도 위함이니 곧 예수 우리 주를 죽은 자 가운데서 살리신 이를 믿는 자니라 예수는 우리가 범죄한 것 때문에 내줌이 되고 또한 우리를 의롭다 하시기 위하여 살아나셨느니라 롬 4:3, 23-25

또 이르시되 내가 너희와 함께 있을 때에 너희에게 말한 바 곧 모세의 율법과 선지자의 글과 시편에 나를 가리켜 기록된 모든 것이 이루어져야 하리라 한 말이 이것이라 하시고 이에 그들의 마음을 열어 성경을 깨닫게 하시고 또 이르시되 이같이 그리스도가 고난을 받고 제삼일에 죽은 자 가운데서 살아날 것과 또 그의 이름으로 죄 사함을 받게 하는 회개가 예루살렘에서 시작하여 모든 족속에게 전파될 것이 기록되었으니 너희는 이 모든 일의 증인이라 눅 24:44-48

무서운 죄성을 이기는 비결

왜 인간이 선행이나 혈통이나 그 무엇으로도 세상 모든 문제들, 즉 수많은 인간의 고통과 필요에 관한 문제와 죽음의 문제를 해결하지 못하는가? 신앙생활을 하면서도 바뀌지 않는 나의 무서운 죄성, 아무리 갈고닦아도 아는 바 말씀대로 살고 싶어도 살 수 없는 이 존재의 안타까움을 어떻게 변화시켜야 하는가?

진지한 고민 없이는 아무것도 내게 복음이 될 수 없다. 우리가 살아오면서 겪은 모든 문제에 관한 해결과 해답을 성경 안에서 찾을 수 있다.

모든 민족과 온 백성에게 미칠 기쁨의 좋은 소식을 성경이 우리에게 선언한다. 인생의 수많은 문제, 역사와 사회 문제, 죄와 죽음의 문제, 인간이 태어나서 죽을 때까지 얽매는 모든 필요에 대해 많은 종교와 철학과 사상, 이데올로기가 자기 나름의 해법을 제시하지만 그게 맞지 않다는 것을 역사가 증명한다. 오직 성경은 모든 인류가 그토록 찾던 진정한 해답을 한 마디로 단순하고 분명하게 전한다. 결론부터 말하면 다음과 같다.

천사가 이르되 무서워하지 말라 보라 내가 온 백성에게 미칠 큰 기쁨의 좋은 소식을 너희에게 전하노라 오늘 다윗의 동네에 너희를 위하여 구주가 나셨으니 곧 그리스도 주시니라 눅 2:10,11

성경이 역사 이래, 창세 이래로 주님 오실 날까지 인간에게 처할 모든 상황에 대한 유일한 해답이 된다. 참된 복음은 바로 성경이 증언하고 약속해온 예수 그리스도이시다. 십자가와 부활의 예수 그리스도야말로 모든 문제의 필요에 대한 완전한 해답이요, 하나님의 능력과 지혜이다.

십자가 복음 외에 다른 복음은 없다

성경이 우리에게 말하는 바를 요약하면 다음과 같다.

하나님이 세상을 이처럼 사랑하사 독생자를 주셨으니 이는 그를 믿는 자마다 멸망하지 않고 영생을 얻게 하려 하심이라 하나님이 그 아들을 세상에 보내신 것은 세상을 심판하려 하심이 아니요 그로 말미암아 세상이 구원을 받게 하려 하심이라 요 3:16,17

인간은 하나님 없이 죄 가운데 태어나 죄에 묶여 종노릇하다가 지옥의 심판을 받을 운명이기에 죽기를 두려워한다. 사는 동안에도 자신이 원하는 바 선은 행치 아니하고 자꾸 악을 행한다. 날마다 탄식이 있다. 육체를 입고 살기에 원치 않는 아픔을 겪는다. 죄에 끌려다니는 것을 가슴 아파하고 자책하면서도 바뀌지 않는다.

비슷한 인간들이 뒤엉켜 만든 인류 역사의 끝에는 무엇이 있을까? 이 죄의 역사 외에 무엇이 있겠는가! 성경은 죄 가운데 태어나 운명적으로 멸망당할 죄인인 우리를 사랑하시는 영원한 하나님이 계신다고 선언한다. 그리고 우리에게 영원하고 완전하며 유일하신 하나님을 소개한다.

하나님은 만유를 지으시고 그분의 형상대로 사람을 만드셨다. 멸망당할 세상을 이처럼 사랑해서 하나님의 능력과 지혜를 모아서 주신 복음이 바로 독생자 예수 그리스도를 십자가의 대속제물로 내주는 것이었다.

성경의 스토리는 그를 믿는 자마다 영생을 얻게 하시는 하나님의 사랑과 구원의 진리다. 창세기부터 요한계시록까지 한 줄로 쫘악 꿰뚫어서 인류 구원을 보여주는 어마어마한 진리다. 죄에 빠져 종노릇하며 지옥의 멸망에 처해질 인생들을 구원할 하나님의 유일한 지혜와 복음의 능력을 보여준다.

창세기부터 요한계시록까지 한결같이 변하지 않는 하나의 진리가 바로 예수 그리스도이다. 로마서에서는 이렇게 말한다.

이 복음은 하나님이 선지자들을 통하여 그의 아들에 관하여 성경에 미리 약속하신 것이라 그의 아들에 관하여 말하면 육신으로는 다윗의 혈통에서 나셨고 성결의 영으로는 죽은 자들 가운데서 부활하사 능력으로 하나님의 아들로 선포되셨으니 곧 우리 주 예수 그리스도시니라 롬 1:2-4

이는 하나님의 복음을 위해 택정함을 입은 사도 바울이 성령에 사로잡혀서 외친 말이다. 그는 이 복음이 온 인류가 그토록 기다려왔던 것이며, 하나님이 선지자를 통해 성경에 그 아들에 관하여 미리 약속하신 것이라고 했다. 범죄한 인간, 저주받은 인간에게 하나님이 구원의 약속으로 말씀하실 때 여자의 후손으로 보낼 것이라는 그 구원자다. 말씀이 육신이 되신 분이요, 하나님의 아들이 사람의 몸을 입고 이 땅에 오신 그리스도다. 이는 창세기부터 말라기서까지 구약성경 39권 내내 약속해온 것이다.

구약의 모든 사건들과 역사, 모든 부분이 여러 모양으로 우리에게 예수 그리스도의 진리의 빛을 비춰준다. 이것은 결국 역사의 가장 큰 비밀과 구원의 핵심이 되는 십자가에서 죽고 부활하사 구원하시는 하나님의 아들 예수 그리스도에 관한 이야기이다. 이 모든 말씀이 갈라디아서에 나타난다.

때가 차매 하나님이 그 아들을 보내사 여자에게서 나게 하시고 율법 아래에 나게 하신 것은 율법 아래에 있는 자들을 속량하시고 우리로 아들의 명분을 얻게 하려 하심이라 갈 4:4,5

요한계시록은 우리에게 바로 구약성경에서 말해온 사실이 그대로 이루어져 신약의 사복음서를 통해 드러난 예수 그리스도가 역사의 마지막 날에 오실 것을 나타낸다.

우리를 사랑하사 그의 피로 우리 죄에서 우리를 해방하시고 그의 아버지 하나님을 위하여 우리를 나라와 제사장으로 삼으신 그에게 영

광과 능력이 세세토록 있기를 원하노라 계 1:5,6

어느 누구도 다르게 말할 수 없도록 성경에서 한목소리로 함성같이 외치는 진리가 있다.

"구원은 바로 예수 그리스도이시다."

십자가의 복음 외에 다른 복음은 없다.

다른 복음은 없나니 다만 어떤 사람들이 너희를 교란하여 그리스도의 복음을 변하게 하려 함이라 그러나 우리나 혹은 하늘로부터 온 천사라도 우리가 너희에게 전한 복음 외에 다른 복음을 전하면 저주를 받을지어다 갈 1:7,8

천지가 진동할지라도

오직 하나의 복음만 있을 뿐이다. 성경이 바로 이 복음을 말했다.

형제들아 내가 너희에게 전한 복음을 너희에게 알게 하노니 이는 너희가 받은 것이요 또 그 가운데 선 것이라 너희가 만일 내가 전한 그 말을 굳게 지키고 헛되이 믿지 아니하였으면 그로 말미암아 구원을 받으리라 내가 받은 것을 먼저 너희에게 전하였노니 이는 성경대로 그리스도께서 우리 죄를 위하여 죽으시고 장사 지낸 바 되셨다가 성경대

로 사흘 만에 다시 살아나사 고전 15:1-4

이것은 고린도 교회 성도들에게 선포한 말씀이다. 어느 누구도 성경 없이 그리스도의 십자가와 부활의 진리를 깨달을 수 없다. 말씀으로 천지를 창조하신 살아 계신 하나님이 그 이름의 권세로 그분의 말씀을 주셨다. 그 이름값대로 '창조주 하나님'은 그분의 말씀에 창조의 능력이 있게 하시고, '거룩하신 하나님'은 말씀에 거룩의 능력을 담아놓으셨다. '전능한 하나님'은 그분의 말씀을 전능하게 하셔서 능치 못하심이 없게 하셨다.

하나님이 거룩한 말씀으로 천지를 창조하고 만물을 붙드시며 우리를 구원하겠다고 하셨으면, 그대로 된다. 흑암의 권세에서 사탄의 머리를 박살내고 우리를 저주의 감옥에서 끄집어내고 구원해주겠다고 말씀하셨으면, 이 말씀은 천지가 두 쪽이 나도 그대로 이루어진다.

성경말씀대로 그리스도께서 제물이 되어 죽으셨고, 다시 살아나셨다. 예수 그리스도가 우리를 구원하시는 대속제물이 되셨다. 즉, 우리를 대신하셨다. 사실은 예수님께 일어난 일이 곧 내게 일어났어야 하는 일이다.

예수님이 내 이름표를 달고 내가 되어 내 죗값을 대신하여 하나님 앞에서 심판을 받고 죽으셨다. 그리고 부활하셔서 모든 죄의 심판을 끝냈다. 우리는 예수님을 믿는 믿음 안에서 그분의 죽음을 나의 죽음으로 받아들일 수 있다. 예수님이 내 죗값을 치르고 심판을 끝냈으므로 내 심판의 값이 끝났다.

예수님은 죄와 상관없이 하나님의 거룩한 생명으로 부활하셨다. 전능하신 하나님의 말씀을 믿는 믿음으로 복음을 받아들이면 십자가의 죽음과 심판과 부활의 영광이 내 안에서 실제가 된다. 믿음 안에서 우리가 하나님 앞에 의롭게 되고, 거듭난 생명으로 영원히 주님의 생명을 누리며 살아갈 수 있다.

예수님이 십자가에서 아담의 자손으로 태어난 저주받은 죄인의 운명을 끝장내셨다. 우리는 이제 죄와 상관없이 성령과 동행하며 하나님의 생명으로 살아가는 놀라운 비밀을 갖게 되었다. 그런데 완전한 구원을 말씀하신 성경의 진리, 복음이 완성되기 전에 하나님의 말씀을 믿은 사람이 있다.

아브람이 여호와를 믿으니 여호와께서 이를 그의 의로 여기시고

창 15:6

아브라함이 하나님을 믿는 믿음의 태도가 하나님의 말씀을 믿는 것으로 나타났다. 그가 하나님의 말씀을 믿음으로써 자신 안의 가능성을 본 것이 아니다. 자신은 불가능하지만, 하나님이 말씀하시면

그분은 그렇게 하시는 분이니까 그대로 믿었더니, 하나님이 그 믿음을 의로 여겨주셨다.

아브라함과 사라가 늙어서 아이를 낳을 수 없는 그때에 약속을 주셨다. '우리는 불가능하나 하나님은 하신다'고 신뢰하며, '너와 사라를 통해 이삭을 주실 것'이라는 말씀을 그대로 믿었다. 그랬더니 하나님이 그것을 의로 여겨주셨다.

이 모형은 그대로 우리에게 적용된다. 우리에게 십자가의 복음을 준비해놓으시고 아브라함이 믿었던 동일한 믿음을 요구하신다. 나로서는 구원받을 수 없고 이 저주에서 벗어날 수 없다. 그렇지만 하나님이 예수님을 통해 해결하신 것을 온전히 믿음으로 받아들이면, 예수님의 죽음은 내 죽음이 되고, 예수님의 부활은 내 부활이 된다. 예수님의 의가 내 의가 되고, 예수님의 부활의 생명이 내 생명이 된다. 그래서 이제는 믿음에서 믿음으로 살아가는 놀라운 새생명의 삶을 살게 된다.

암흑시대, 종교개혁의 핵심

성경이 외쳤고 약속하셨던 거룩한 주님의 복음과 진리가 사람들에게 왜곡되는 일이 발생했다. 지금으로부터 약 500년 전, 1517년 10월 31일은 역사가들이 아주 중요하게 여기는 날이다. 역사를 완전히 뒤집어놓은 종교개혁의 날이기 때문이다.

마틴 루터가 길을 걷는데 하늘에서 치는 벼락이 그의 바로 옆에 떨어지는 일이 생겼다. 그때 그는 하나님의 위엄 앞에 서게 되었다. 귀로만 듣고 관념으로만 알았던 하나님이 너무 두려우신 분임을 깨달았다.

우리는 다른 사람의 경험을 통해 간접경험을 할 수 있다. 어떤 아버지가 길을 가다가 구덩이에 빠졌으면, 굳이 자식까지 빠질 이유는 없다. 개에게 물리기 전에 정말 무서운지 시험하기 위해 다가가는 건 확실히 물려봐야 끝이 난다. 간접체험도 체험임을 잊지 말라(여전히 남의 경험이라고 치부할 때는 내가 직접 벼락을 맞아보는 수밖에 없다).

마틴 루터의 가슴에 두려우신 하나님의 임재가 경험되는 순간, 그는 하나님의 심판이 두려운 것임을 알게 되었다. 자기 내면을 살펴봤을 때 심판받을 수밖에 없는 존재임을 알았다. 아무리 수도승 복장을 입고 예배 의식에 참여하며 고행을 해도 더럽고 추악한 자기 존재는 바뀌지 않는 것이다.

안타까운 마음에 애를 쓰며 몸부림쳤지만 소용이 없었다. 당시 중세 로마 가톨릭은 심하게 타락한 상태였다. 교회라는 틀 안에 있었어도 타락한 교황을 중심으로 별짓을 다했다.

베드로 성당을 지으면서 돈이 부족하니까 성경도 모르는 무지한 교인들에게 거짓말을 하며 은전을 받고 면죄부를 팔았다. 은전이 떨어지며 '땡끄랑' 소리가 나는 순간, 연옥에 있는 조상들의 영혼이 천국에 가게 된다고 주장했다.

그 시대가 얼마나 음란하고 타락했으면 세상 사람들이 중세 암흑시대라고 했겠는가. 이에 반발해서 일어났던 르네상스운동이 결국 나중에 하나님을 아예 밀어내고 하나님을 마음에 두기 싫어하는 것을 노골적으로 행할 빌미를 주었다.

당시 소망 없는 교회를 볼 때 가장 반발을 일으킨 것은 면죄부를 판매한 것이었다. 루터는 면죄부에 대한 지적을 하고, 로마서 말씀을 통해 성경 내용과 일치하지 않음을 밝혔다.

복음에는 하나님의 의가 나타나서 믿음으로 믿음에 이르게 하나니
기록된 바 오직 의인은 믿음으로 말미암아 살리라 함과 같으니라

롬 1:17

우리는 행위가 아니라 오직 믿음으로 구원받는다. 그들은 남에게 선행을 베풀며 혈통적으로 믿는 집안이면 저절로 천국에 간다고 주장했는데, 절대로 그럴 수 없다.

루터는 성경이 너무나 명확하고 분명히 말한 이 진리를 놓칠 수 없어서 95개 조항의 반박문을 작성했다. 성경에 나오지 않은 교황의 그릇된 부분에 대해 조목조목 나열하여 나무망치로 비텐부르크 성당 입구에 박았다.

어두운 암흑 시절에 신음소리조차 내지 못하던 어리석은 교인들도 '아무리 몰라도 이건 아닌데…'라고 생각하던 차에 루터의 95개조 반박문이 그들 가슴에 불을 지폈다. 나무망치 소리 하나가 한 사람의 양심의 거부를 나타냈고, 이것을 통해 어마어마한 개혁의 바람이 불었다. 개혁자들이 교황청의 박해를 받고 화형으로 죽임당하는 도전을 받으며, 치열하게 싸운 것은 바로 성경으로 돌아가기 위해서였다.

중세 시대를 그토록 어둡게 하고 멀리 가게 했던 것은 어리석은 교인들이 성경을 가지면 엉뚱하게 해석할 수 있다며 성경을 읽지 못하게 막았기 때문이다. 미사도 의식으로만 집전하고 라틴어로 말하며, 설교를 중심으로 움직이지 않으니까 말씀을 배울 길이 없었다. 우상 숭배하듯이 의식만 행하고, 진리에 다가가지 못했다.

제일 무서운 암흑시대를 만든 핵심은 성도들의 손에서 성경을 빼앗은 것이었다. 성경을 못 갖게 하니까 진리를 알지 못했다. 사제들 중에서도 사도신경과 주기도문을 못 외우는 사람이 있을 정도였다. 성경에 대해 무지하니 혼돈을 느꼈다. 그때 그들이 외쳤던 외침은 다른 게 아니라 '오직 성경으로 돌아가자!'는 것이었다.

개혁의 다섯 가지 기둥

무서운 핍박을 받는 중에서도 그들이 했던 일은 사람들의 손에 성경을 들려주는 일이었다. 성경을 읽기만 하면 무지막지한 사탄의 거짓말에 속는 일은 없다. 하나님의 말씀은 능력이 있어서 무지한 자에게 지혜를 주고, 소경 같은 자에게 빛을 보게 해준다. 또 어그러진 길을 걷는 자에게 바른 길, 진리의 길, 생명의 길로 가게 하는 능력이 있다.

> 하나님의 말씀은 살아 있고 활력이 있어 좌우에 날선 어떤 검보다도 예리하여 혼과 영과 및 관절과 골수를 찔러 쪼개기까지 하며 또 마음의 생각과 뜻을 판단하나니 히 4:12

또한 성경의 결론인 십자가의 복음 앞으로 우리를 이끌어 나는 어떤 희망도 없는 철저히 절망적인 존재임을 깨닫게 해준다. 오직 우리의 공로가 아닌 온전한 십자가를 붙들고 복음 안에 들어올 때, 믿음으로 화합하게 하시며 놀라운 하나님의 복음이 나의 것이 되게 하신다. 우리에게 예수 생명으로 살아가는 엄청난 기적의 역사를 베풀어 준다.

종교개혁 시 그들이 외쳤던 신앙의 다섯 가지 기둥이 있다.

'오직 성경, 오직 믿음, 오직 그리스도, 오직 은혜, 오직 하나님께 영광!'

성경이 말해주는 구원은 오직 믿음으로만 누릴 수 있다. 하나님의 은혜는 행위가 아니라 믿음으로만 누릴 수 있다는 진리를 외쳤다. 그들은 오직 그리스도를 붙들고 하나님께 영광을 돌릴 것을 강조했다.

이게 바로 암흑시대에 개혁의 횃불을 높이 들고 외쳤던 복음의 핵심이었다. 이 중요한 주제, 이 주장을 말하다가 대부분의 사람들은 화형을 당하고 수장을 당했다. 수천수만 명이 악의 세력에게 잔인하게 톱으로 켜 죽임을 당하고, 말로 다할 수 없는 잔혹한 방법으로 목숨을 잃었다.

성경이 우리에게 거저 주어진 것이 아니다. 우리의 신앙고백 형태를 프로테스탄트(Protestant, 개신교)라고 하는데, 이것은 저항한다는 뜻이다. 성경이 아닌 것을 받아들이지 않고 거부하는 것이다! 그리스도 외에 구원이 있다는 말을 받아들일 수 없다. 오직 믿음으로 구원받는 것이 아니라 선행으로 구원받을 수 있다고 주장하는 다른 복음을 거부한다.

하나님의 형상대로 지음받은 우리는 어떻게 살아야 하는가? 예수님의 핏값으로 구원받은 존재이므로 예수 그리스도를 위하여 살아야 한다.

그가 모든 사람을 대신하여 죽으심은 살아 있는 자들로 하여금 다시는 그들 자신을 위하여 살지 않고 오직 그들을 대신하여 죽었다가 다시 살아나신 이를 위하여 살게 하려 함이라 고후 5:15

개혁자들이 목숨 걸고 싸운 것

예수님이 나와 당신을 위해 죽으신 것은 다시는 자기 자신을 위해 살지 않고, 예수 그리스도를 위해 살게 하기 위해서다. 우리는 안목의 정욕, 육신의 정욕, 이생의 자랑을 채우다가 죽는 소모품이 아니다. 육적 짐승이 아니라 영원한 존재요, 하나님의 영광을 위해 지음받은 존재다. 살든지 죽든지 오직 그리스도의 영광을 위하여 지음받은 하나님의 것이다.

중세 시대가 성경을 떠나 암흑을 만들어낸 것처럼, 오늘 이 시대는 성경을 들고 개신교인이라고 말하면서도 자신이 믿는 바가 무엇인지 모른다. 홍수 속에 마실 물이 없는 것과 같다. 기독교 안에서 축복, 번영, 응답, 수많은 자신들의 기대와 욕구의 해결, 소원 성취를 위해 돌진한다.

"나는 그냥 두고 건들지 마세요. 내가 필요한 것만 채워주세요. 난 이것 때문에 불안하고 부족하며, 저것 때문에 불행하고 짜증 나니깐 그것만 나한테 주고 내가 원하는 복음을 주세요."

오늘날 사람들은 자신의 문제를 직면하려 하지 않는다. 그렇지만 목숨 건 개혁자들과 하나님의 진리 앞에 선 교회가 가장 치열하게 진리를 위해 싸워야 할 때는 이런 질문을 했다.

"진리가 무엇인가? 구원이 무엇인가? 진정한 교회는 무엇인가? 교회가 믿는 믿음의 근거는 무엇인가?"

교회가 교회답고 성도가 성도다우며 진리가 진리답게 세워지는 그 날을 위해 개혁자들은 치열하게 싸웠다. 그들은 성경 안에서 해답을 찾기 위해 자기 목숨을 걸었다. 그들이 목숨 걸고 전해준 어마어마한 보화, 이 진리가 우리를 살게 하여 복음의 능력과 영광, 축복 안에 거하게 한다.

07
CHAPTER

인생의
가장 큰 비극

인류의 본질

내가 직접적으로 도전하고 싶은 것은 '복음 앞으로 돌아가자'는 것이다. 당신은 성경을 통해서 구원의 완전한 지혜를 분명히 깨달았는가? 다른 건 다 그만두고 성경을 꽉 짜서 오직 믿음으로 구원을 받는다는 은혜를 알고 있는가? 인생의 가장 심각한 위기는 아담의 범죄 이후 허물과 죄로 죽어서 하나님과 영원히 함께할 수 없었던 저주였다. 이보다 더 큰 비극이 어디 있겠는가?

인간의 구원의 핵심이 있다면 그것은 의로우신 하나님 앞에 심판받아야 할 죄인인 내가 어떻게 하나님 앞에 서며, 어떻게 그분과 동행할 수 있느냐는 것이다. 이것이 가장 중요한 본질적인 문제이다. 하나님과 함께할 수 없다면 포도나무에서 잘려진 가지, 물을 떠난 고기, 궤도를 벗어난 기차처럼 소망이 없다. 우리의 가장 큰 비극은 하나님과 함께할 수 없는 것이다.

아담과 하와가 범죄한 후에도 에덴동산은 그대로 에덴동산이었고, 하나님도 변하지 않았다. 문제는 살아 계신 하나님이 변함이 없을지라도 범죄한 인간이 더는 하나님과 함께할 수 없는, 심판받을 죄인이라는 점이다. 하나님이 심판자이기에, 아버지라고 부르거나 나의 하나님이라고 부를 수 있는 상황이 아니었다. 이게 인류의 모든 고통과 어둠의 뿌리가 되었다.

이것을 해결하는 유일한 길은 그분이 친히 해결해주시는 것이었다. 하나님의 전적인 은혜가 필요했다. 바로 '오직 믿음, 오직 은혜'의 복음이다. 모든 종교개혁자들과 함께했던 수천만 명의 사람들은 붙잡히면 죽임을 당하는 그때에 생명 걸고 이 복음을 받아들였다. 한번 물어보고 싶다.

"당신의 생애가 복음의 빛 앞에 비춰진 삶을 살고 있는가?"

'이 복음이 내게 실제가 되지 않으면 난 끝장난 인생이구나. 내가 아무리 성공해서 대단한 위치에 있다 하더라도 허망한 죄인의 운명을 바꿀 수 없구나.'

복음의 빛 앞에서 철저히 벌거벗겨진 내 영혼을 발견하고 하나님의 영원한 심판을 피해갈 수 없는 나의 운명을 알고 털썩 주저앉아서 깨닫는 것이다.

'주여! 이제 저에게는 다른 소망이 없습니다. 어떻게 해야 구원을 얻겠습니까?'

처절한 절망을 맛보았어도 오순절에 임한 놀라운 성령의 임재로 성령충만을 받은 사람들이 있었다. 그들이 성령충만하여 복음을 외치니까 복음을 들은 자의 심령에 죄가 드러났다. 나사렛 예수 그리스도의 십자가 복음 앞에 자기 존재가 드러나니깐 비명을 지르며 외쳤다(행 2:37 참조).

"오! 하나님 어떻게 해야 합니까? 어떻게 해야 구원을 얻을 수 있습니까?"

이렇게 절박하게 목숨 걸고 십자가 앞에 달려가서 하나님의 은혜를 갈구했던 때가 언제냐는 것이다.

철저하게 자기 실존 파악하기

나는 교회를 잘 모르던 사람이었다. 그런데 예수님께서 내 죄를 용서하시고 구원해주신 사실이 믿어지고, 나 같은 죄인을 사랑하는 십자가의 사랑이 느껴져 교회에 왔다. 그때 놀랐던 것은 사람들이 몽유병 걸린 것도 아닌데 어떻게 다 이런 말을 주절주절 따라하는지 신기했다.

"하나님의 아들 예수님이 나를 구원해주셨어요. 지옥에서 천국으로 옮겨주셨어요."

그런데 이 말을 아무런 감동 없이 교리 한 줄 읊어대듯 다들 비슷한 말투로 고백했다. 정녕 예수님을 믿고 고백한 것이 사실이라면 도저히 그렇게는 살 수 없는 삶을 아무런 갈등 없이 받아들이는 사람이 많다는 것을 알고 깜짝 놀랐다.

정말 천국과 지옥이 실제한다고 믿는가? 죽어서 가봐야 아는 얘기인가? 진짜 천국과 지옥의 실제를 알고, 천국을 바라보며 살고 있는가? 그렇다면 썩어지고 없어질 이 땅의 일락에 빠지지 않고, 죄의 멍에를 지고 끌려다니지 않으며, 거룩하신 하나님의 상급을 받을 일을 해야 하지 않겠는가? 믿는다는 말을 무엇으로 증명하겠는가? 사는 모습으로 증명해야 하지 않겠는가?

믿음은 바라는 것들의 실상이요 보이지 않는 것들의 증거니 선진들이
이로써 증거를 얻었느니라 히 11:1,2

어떤 사람이 믿는다고 할 때, 그게 사실인지 아닌지는 사는 모습을 보면 안다. 나를 움직일 수 없는 믿음은 결코 믿음이 아니다. 하나님의 거룩하신 말씀을 진지한 태도로 순종하려고 애쓰며 자의적인 노력을 해본 사람은 성경말씀이 진리라는 것을 안다. 이것을 벗어나면 궤도를 벗어난 열차와 같이 된다. 하나님의 진리를 떠나면 심판밖

에 없다고 결론을 내리고, 말씀대로 살기 위해 진지한 마음으로 순종하기로 결정하면 갈등을 경험하게 된다.

'내가 하나님의 말씀을 흉내 내며 살 수는 있지만, 내면 안에서 이 진리를 온전하게 순종할 수는 없구나.'

절망스런 자신의 존재를 깨닫게 된다. 그래서 율법으로는 의롭다 하심을 입을 육체가 없다. 이게 성경의 선언이다. 당신은 이런 경험을 언제 했는가?

내가 무슨 직분을 가졌고, 어떤 신학적 배경을 갖고 있으며, 영적 경험을 얼마나 많이 했는지가 중요한 게 아니다. 나의 삶 가운데 새롭게 깨달은 것도 아니고, 양심적으로 부딪혀보면 남의 얘기도 아니며 내 모습을 직면하라고 하는데 못 볼 게 뭐 있냐는 것이다. 진지하게 양심적으로 하나님의 기준으로 내 양심을 살펴보면 마틴 루터와 같은 고민을 하지 않을 수 없다. 떼굴떼굴 굴러도 안 되고 갈고 닦아도 안 되며 머리를 쥐어뜯어도 나의 존재적인 이 운명을 바꿀 수 없다.

염치 없지만, 은혜 앞에 서다

우리 속사람은 율법이 옳은 줄 안다. 그런데 죄의 법이 나를 날마다 사로잡아서 하나님의 말씀에 순종할 수 없게 만든다.

오호라 나는 곤고한 사람이로다 이 사망의 몸에서 누가 나를 건져내
랴 롬 7:24

이렇게 안타까운 절규를 할 징도로 순종해봤냐는 것이다. 이 부딪
힘 없이 그냥 대강 사는 꼴을 보면 가관이다.

"내 죄를 위해서 예수님이 죽으셨다고요? 감사하네요! 실감은 안
나지만 감사해요."

철저하게 자기 절망을 하고 나면 그때 갈구하는 것이 바로 은혜이
다. 은혜란 받을 자격이 전혀 없는 자에게 거저 베풀어주시는 하나님
의 일방적인 선물이다.

염치도 없고 구할 만한 용기도 없으며 아무 근거도 없어 뭐라고 말
할 수도 없는 것이다. 그저 주저앉아서 처분만 기다리는 것이다. 주
님이 죽인다고 해도 아무 말도 할 수 없고 주님이 외면해도 원망할
수 없는 것이다.

"맞아요. 전 죽어야 해요. 영원히 버림받아 마땅해요. 나는 더러워
요. 역겨워요."

세포 하나까지 죄 된 나의 실존을 보고 절망해 털썩 주저앉아야
한다는 것이다. 그때 바라보는 것을 은혜라고 한다. 값없이 베풀어
주시는 하나님의 은혜 앞에서 소망이 없는 나의 상태, 나의 절망을
봐야 한다는 것이다.

내 이름표 달고 돌아가신 분

십자가의 죽음을 믿고 받아들인다는 것은 내가 하나님의 거룩한 진리의 말씀 앞으로 돌아온다는 것이다. 주님 앞에 변명을 늘어놓지 않고 이 거룩하신 하나님의 진리 앞에서 이중생활을 하지 않는 것이다. 입술로는 교리를 다 따라 말하면서 살 때는 다른 얘기하며 이상한 짓을 하지 않는 것이다. 구원의 확신이 있다고 하면서도 반복적인 죄를 짓는 것은 문제가 있다.

하나님 앞에서 이 십자가의 의(義)는 무엇인가?

앞에서 언급했듯이 아브라함은 자기 몸이 죽은 것 같고 자신은 아이를 낳을 수 없는데 하나님의 약속이 그러하니 하나님은 하실 수 있다고 믿는 것을 의로 여기셨다. 자기가 근거가 되지 않고 하나님이 근거가 되는 믿음으로, 나는 불가능하지만 하나님은 할 수 있다고 믿었다.

그런데 이게 안 되니까 행위로 구원을 받으려 한다.

"내가 교회를 위해서 이만큼 봉사했고, 이만큼 신학 지식을 알고 우리 부모가 3,4대 믿는 집안입니다."

이런 허접한 이야기가 나오는 이유는 바로 자신의 실존을 철저하게 보지 못했기 때문이다. 십자가에서 처절하게 자기 모습을 바라봐야 한다. 전지전능하고 의로우신 하나님이 까닭 없이 자기 아들을 죽이겠는가? 왜 하필이면 아들 예수님을 나 대신 갈보리 언덕 십자가에서 죽이셔야 했겠는가?

다른 길이 없다. 오직 하나님의 의를 충족시킬 분은 예수 그리스도 밖에 없다. 그 의가 아니면 하나님을 만날 수 없다.

예수께서 이르시되 내가 곧 길이요 진리요 생명이니 나로 말미암지 않고는 아버지께로 올 자가 없느니라 요 14:6

그 의를 나에게 주시기 위해 예수님을 나 대신, 내 죗값으로, 내 이름표 달고 죽게 한 것이다.

철저하게 하나님 의를 충족시키신 분

예수님의 일을 당해야 할 사람은 바로 나였다. 하나님은 내가 받아야 할 심판을 고스란히 주님께 다 쏟아부으시고 완전히 해결됐다고 말씀하시며, 이것을 받아들이라고 하신다. 예수님이 죽을 때 나도 완전히 죽어서 더는 고민하고 갈등하며 연습하고 결단할 것 없이 함께 죽음에 넘겨져야 했다.

내가 죽으면 오직 그분으로만 살게 된다. 양의 피를 문설주에 바르고 허리에 띠를 띠고 양고기를 먹으며 하나님의 은총을 입어 노예에 대하여 죽고 하나님의 백성으로 해방되어 나오는 것이다.

이 유월절 모형을 통하여 십자가의 구속을 보여준다. 바로 예수님과 함께 죽음에 참여한 사람은 내 사상과 철학, 경험과 습관도 내 것이라고 말할 게 아무것도 없는 것이다. 그것을 기반으로 살지 않는다. 오직 예수 그리스도의 생명으로 사는 것이다. 주님의 사상이 내 사상이 되고 주님의 생명이 내 생명이 되며 이 사실을 받아들이는 십자가의 진리로 초대하셨다는 것이다.

성경은 우리에게 아브라함의 믿음으로 나아오라고 초대하고 있다. 주님의 거룩한 능력으로 하나님 앞에 나아올 때 완전에 가까웠던 종교지도자였던 니고데모에게 거듭나지 않고는 하나님나라를 구경도 할 수 없다는 말씀이 울림이 되어야 하는 것이다. 니고데모가 그런 대우를 받았다면 우리는 더 말할 것도 없다.

'넌 고치거나 개선될 수 있는 존재가 아니야. 넌 하나님 없이는 영원히 심판받을 수밖에 없어.'

우리가 어떤 삶을 살아왔고 어떤 형편에 처해 있든, 복음에 슬쩍 넘어가는 법은 없다는 사실을 기억해야 한다. 철저하게 주님의 죽음이 내 믿음 안에서 실제가 되어야 한다. 주님의 죽음이 나의 죽음이 될 때까지 나의 처절한 절망이 더 버틸 수 없을 때까지 십자가 앞에 부딪히고 서야 한다.

진리의 초대 앞에서 미련의 끈을 붙잡고, 하나님과 협상하면서 타협점을 찾으려 애쓰지 말라. 주님 앞에 정직한 영혼으로 나아가라! 소망 없는 내 모습을 직시하며 복음의 진리 앞에 서야 한다.

이미 알고 있는 복음의 진리로 성령께서 계속해서 오직 복음 앞에 서는 우리의 영혼에 빛을 비춰주셔야 한다. 처절한 변명을 너절하게 늘어놓았던 우리에게 적나라한 복음의 빛을 비춰주시고 진리의 다림줄로 재주셔야 한다. 베고 가르고 뽑아내고 허물어서 우리로 인해 세워졌던 모든 것들을 십자가의 죽음을 적용하셔서 철저히 허물어주셔야 한다.

죽음의 신비 앞에 선 믿음

오직 예수 그리스도만 전부로 세워진, 99퍼센트가 아니라 전부로 세워진 복음을 받았다고 하면서도 천박하고 구질구질하다. 세속에 썩은 더러운 가치를 너절하게 가지고 있는 자존심 나부랭이, 사기 치고 거짓말하는 태도, 예수님을 믿고 복음을 이해한다고 하면서도 여전히 바뀌지 않는 세상에 대한 미련, 천박한 체면 나부랭이, 여전히 손을 떼지 않는 끈적끈적한 죄의 습관들.

진리의 말씀이 정신통일 수준에 머무는 것이 아니라 진짜로 말씀 속에서 내가 이해되어야 한다. 내가 말씀을 이용하지 않고 말씀이 나를 정복하도록, 말씀 앞에 완전히 엎어져야 한다.

복음은 감상하기 위해 존재하는 것이 아니다. 성경 안으로 들어가라. 하나님의 말씀 안으로 들어가라는 말이다. 말씀이 나를 도살하도록! 말씀이 나를 죽음의 자리에 내어몰도록! 그래서 나를 속여 왔던 병든 자아의 흔적도 아끼지 말고 미련두지 않으며 죽음 앞으로 나아가라는 것이다.

시간이 얼마나 걸리는지 따지지 말라. 온전한 복음 앞에 나아올 때까지는 시간이 중요하지 않다. 더욱 가까이 앞으로 나아가기 바란다. 주님의 십자가의 진리 앞에 부딪힐 때 하나님이 우리를 복음에 참여시켜주시면 가장 큰 지혜의 비밀이 십자가의 비밀인 것을 알게 된다. 이 죽음의 신비 앞에 믿음으로 참여하고 죽음에 연합하면 자동으로 부활에 연합하게 되어 있다.

믿음 외에는 우리에게 소망이 없다. 십자가에서 실제가 되고 부활에 참여하고 나면 성경의 진리를 외치지 않을 수 없게 된다. 이것은 성경을 생명으로 받고 살아 계신 하나님을 받은 사람들의 결론이다.

말세에 고통하는 때가 올 것이다. 기억하라! 악이 기승을 부릴 것이다. 그리고 경건하게 살고자 하는 자가 핍박받는 때가 올 것이다. 그러나 어둠이 짙을수록 빛은 밝은 법이다. 이 저주스런 사망의 기운이 사람들을 억압할수록 하나님의 생명의 기운이 강해져 진리의 승리를 이룰 것이다.

주님이 우리에게 말한 것은 겁주자고 하신 말이 아니다.

'마지막에 고통하는 때가 이를 것이다. 그러므로 너는 더욱 담대하게, 힘써 성경을 알고 진리에 생명을 걸어야 한다!'

내 영혼을 밝혀주소서

이 성경의 말씀, 영의 말씀이 육신에 속한 사람에게는 절대 보이지 않는다. 주님의 거룩한 말씀은 성경 속으로 들어오듯이 주님의 복음이 핵심인 십자가의 복음을 만날 때 알게 된다.

> 육에 속한 사람은 하나님의 성령의 일들을 받지 아니하나니 이는 그것들이 그에게는 어리석게 보임이요, 또 그는 그것들을 알 수도 없나니 그러한 일은 영적으로 분별되기 때문이라 고전 2:14

거듭난 생명이어야 영원한 진리의 말씀이 그냥 그대로 생명으로 다가와서 그 말씀이 실제가 되어 우리 안에 사는 것이다. 우리는 주님 안에서 먼저 죽음으로 사는 것이다. 관념이 아닌 생명으로 이 복음에 참여하라.

삶에서 많은 과정을 겪을 때 복음이 실제가 되면 이 진리 앞에서 더욱 하늘로 비상하는 삶을 살게 된다. 만약에 여지를 남긴 채로 아직도 고민만 하고 있다면 "복음이 전부다"라고 결단해야 한다. 그러면 죽음의 자리로 우리를 넘기고 부활의 생명으로 충만하게 임하는 복음의 영광을 누리게 될 것이다.

내가 듣고 싶은 말, 이 시대에 유행하는 말이 무엇인가가 아니라 성경이 무엇을 말하는가를 알아야 한다. 즉 성경이 말하는 것, 복음이 무엇을 말하는가에 집중하라. 하나님이 세상을 이처럼 사랑하사 그토록 우리에게 들려주고 싶은 것이 무엇인지 깨달으라!

나는 오늘도 기도한다.

'주님! 제 영혼을 밝혀주옵소서. 숨거나 변명하며 어처구니없는 짓을 하지 않겠습니다. 일의 귀결을 알고 어리석은 짓을 하지 않겠습니다. 이기는 편에 서겠습니다. 생명의 편에 서겠습니다. 주님, 저를 십자가의 진리 앞에 더욱 세워주옵소서! 십자가의 능력을 저의 모든 영역에 적용시켜 주옵소서. 아직까지 남은 육적 소욕을 죽음에 넘겨주옵소서. 저의 고집을 십자가의 능력으로 꺾어주옵소서. 저의 복잡한 사상과 철학, 신학이 죽게 하옵소서. 십자가의 죽음이 제 죽음이 되게 하사 주의 부활이 저의 부활이 되게 하옵소서. 예수면 다다! 복음이면 충분하다! 진리가 결론되게 하라! 이것이 저의 생명의 외침이 되게 하옵소서!'

PART 03

복음이
전부입니다

주님은 완전한 복음을 통해서 에덴에서 쫓겨
난 이후 하나님의 말씀대로 살 수 없는 존재
가 된 비극적인 우리의 운명을 바꿔주셨다.
하나님의 말씀에 존재적으로 순종할 수 없
는 우리의 저주받은 운명, 거룩한 말씀을 이
룰 수 없는 우리의 운명을 십자가에서 끝장
내시고 부활하셨다. 이제 우리는 주님과 연
합하여 오직 진리로만 살 수 있는 존재가 되
었다.

08

CHAPTER

나도
어떻게 할 수 없는 나

바다에 떠다니는 배와 같은 인생

설교는 앵콜이 없다. 우리는 설교를 늘 마지막으로 듣는 사람처럼 순종하는 마음으로 들어야 한다. 하나님의 살아 계신 말씀이 때로는 나팔로도, 응원 수준인 체조를 통해서도, 찬양과 메시지를 통해서도 우리에게 온다. 눈물의 기도를 통해서, 어떤 때는 가슴 저미도록 마음 아픈 회개를 통해서 모든 일이 짧은 순간에 일어난다. 우리는 주님과 복음 때문에 하는 교제를 통해서 어우러질 수 있는 경이로운 체험을 하며 살고 있다.

우리는 이 땅에서 부딪히는 모든 상황을 겪으며 눈물 흘리고 신음하며, 한숨짓기도 하고, 기쁨으로 노래하기도 한다. 마치 우리의 삶은 바닷가에 세워놓은 배와 같다. 그런데 하나님의 말씀은 배를 붙들고 있는 닻줄처럼 우리 영혼에 견고하게 뿌리박고, 터를 지탱해주는 기둥이 된다. 그래서 모든 순간에 빛과 능력이 되고, 길과 생명이 되며, 축복이 되게 한다.

당신이 갖고 있는 성경을 높이 들고 주님께 감사하는 삶을 살길 바란다. 주님 오시는 그날까지 결코 양보해서는 안 되는 것 가운데 하나가 성경을 높이 받들린 손과 태도다. 아랫배에 힘을 주고, 사탄이 듣고 머리가 떨리고 심장이 떨려 털썩 주저앉을 만큼 큰 소리로 외쳐보라.

"다시 복음 앞에! 오직 성경으로! 진리가 결론되게 하라!"

하늘로부터 임한 선물을 잃어버리다

우리의 영혼과 양심, 우리의 삶에서 성경에 기록된 살아 계신 하나님의 말씀을 빼앗을 자는 아무도 없다. 말씀에 담긴 예수 그리스도와 우리의 경배를 받으실 오직 한 분 하나님을 우리에게서 빼앗을 수 있는 사람은 없다.

길을 찾아 방황하는 인류, 진리를 더듬어 구하는 인류, 생명을 얻고 싶어 몸부림치며 방황하는 인류에게 하늘로부터 임한 유일한 해답이며, 비밀이 담겨진 선물은 오직 하나, 성경이다. 성경은 방황하는 인류에게 하늘로부터 임하는 비밀, 하나님의 해답이다! 길과 진리와 생명을 밝히 드러내주기에 충분한 하나님의 선물이다.

그런데 말씀을 들어도 가슴에 설레임과 두려움과 떨림으로 받았던 감동이 사라진 지 오래다. 언제 어디서부터인지 모르지만 뜨거운 감격 속에 하나님을 만나는 임재 사건이 없어졌다. 기도할 때 무릎을 꿇고 "주여" 하고 부르면 감격 속에 눈물을 흘리던 때가 분명히 존재했다. 그런데 하나님이 내게 응답해주시지 않는 것 같고, 나도 하나님을 어디서 다시 찾을 수 있는지를 알 수 없다.

지난날 충격적인 사건을 통해서 하나님의 은혜를 받고 삶의 우여곡절을 지났으면서도 아침에 좋아하다가 저녁에 후회하는 나는 도대체 누구인가? 우리가 잃어버린 하나님을 어떻게 다시 찾아갈 수 있는가?

가난하고 절박한 마음이 되었을 때는 온통 하늘로 채울 것만 같던 내 심령이 조금 배불러지고 편안해지면 도대체 언제 그런 은혜를 받았는지 모를 정도로 변한다. 처음에 진리를 알고 하나님을 알았을 때는 영혼 깊은 곳에서 내 속사람이 거룩하게 살기를 원했다. 젊은 윤동주 시인이 "죽는 날까지 하늘을 우러러 한 점 부끄럼이 없기를"이라고 했던 가슴 저린 소원이 내 영혼의 소원이 돼서, 하나님 앞에 한 점 부끄럼 없게 살고 싶었던 때가 분명 있었다.

그런데 어느새 보니 더럽고 구질구질하며 냄새가 나는 자신의 모습을 후회하다가, 뭔가 발작이 난 것처럼 미쳐서 발광하다가, 또 그

밤이 지나가면 말할 수 없는 자책으로 시달리곤 한다.

'난 도대체 누구인가? 나는 어떻게 된 존재인가? 어떻게 해야 변화되고 승리하는 삶을 살 수 있을까?'

시간이 가면 알 듯한데 점점 미궁에 빠진다. 도대체 어디에서 진정한 나를 찾을 수 있는가? 어떻게 이 진리에 꽁꽁 동여매여 "주의 은혜 사슬 되사 나를 주께 매소서"라고 고백했던 찬송가의 작시자처럼 고백할 수 있는가(〈복의 근원 강림하사〉 중에서).

'오 하나님! 저도 제 마음을 어떻게 할 수 없습니다. 그렇지만 이 심령을 주의 진리로 꽁꽁 묶어, 주의 은혜 사슬 되사 저를 주께 매주십시오.'

하나님을 찾아가는 길

도대체 끝이 보이지 않는 이 혼돈과 흑암의 세상, 점점 더 복잡하게 뒤엉켜가는 이 세상의 끝은 어디인가? 희망은 있는 걸까? 과연 여기에 길이 있는가? 앞으로 더 나은 세상이 올까?

이 엄청난 세상의 도전과 압도하는 필요 앞에 안 그래도 작고 초라한 나의 모습이 더 작아진다. 교회가 점점 더 무기력하게 보여 과연 우리가 이 세상을 이길 수 있는지 자문하며 절망에 빠진다.

또 다른 능력을 구하고 다른 해법을 찾아서 이리저리 기웃거려보지만 해결의 실마리가 보이지 않는 이 절망의 늪, 캄캄한 흑암과 같은 이 세상의 막막함을 느끼는 사람들에게 무엇이 희망인가?

잃어버린 하나님을 찾아가는 길, 나도 어쩔 수 없는 나를 해결할 수 있는 길, 그리고 압도하는 세상에 휩쓸려가지 않고 세상을 거스르며 세상을 변화시킬 수 있는 유일한 능력, 유일한 길, 유일한 지혜, 유일한 권세로서 하늘로부터 주어진 것이 바로 성경이다!

하나님이 우리에게 주신 수많은 선물을 우리가 다 말하려면 끝이 없다. 전부 다 하나님의 선물이다. 그렇지만 특별히 한 가지 가장 놀라운 선물을 말하자면 완성된 성경을 주신 점이다. 멀리 하늘에만 계실 것 같은 하나님이 가장 높은 곳에 계시면서도 가장 낮고 비천한 자를 돌아보시는 이 경이로운 현실!

하나님이 우리의 마음을 열어서, 주님의 마음을 담아 우리에게 말씀해주신다. 지극히 존귀하시고 살아 계시며, 위엄찬 하나님이 누구도 기억하지 않을 만큼 작은 나를 기억하셔서 그분의 마음을 담아주신 성경을 주신 것에 감사와 찬양을 드린다.

주님은 말씀에 순종하기만 하면 하늘에 속한 신령한 모든 복을 누릴 수 있게 한다. 대단한 지식이나 능력이 없어도 괜찮은데 주님이 가라면 가고 서라면 서야 한다. 주님의 말씀을 그대로 믿고 순종하기만 하면 하늘에 속한 신령한 복을 누릴 수 있는 진리의 비밀이 성경에 담겨 있다!

단 한 가지 금령

우리가 살아야 할 원형(原形)의 삶이 성경에 있다. 지금 타락하고 변질되고 무언가 원래의 모습에서 멀리 떠나서 도대체 오리무중 알 수가 없는 실망스런 모습 말고, 하나님이 창세전에 꿈꾸시며 디자인하셨던 하나님의 형상이라고 말씀하신 모습 말이다.

잃어버렸던 우리 원형의 삶을 다시 회복시켜줄 하나님의 놀라운 진리의 결론이 성경에 있다. 그것을 하나님의 사람들과 진리의 말씀을 통해 우리에게 드러내주셨다.

살아 계신 하나님 앞에 감사할 놀라운 은혜와 축복이 많다. 그중에 그분이 우리에게 말씀하신다는 사실이 얼마나 가슴 떨리도록 충격적인 축복인지 모르겠다. 하나님이 우리에게 말씀하신다. 우리에게 얼굴을 돌리지 않으시고 우리를 무시하지 않는 크고 지존하신 하나님이 우리에게 말씀하신다.

에덴동산에서는 하나님이 친히 말씀하셨다. 특별한 상징이나 비유를 쓸 필요가 없었다. 다른 통로가 필요 없었다. 그때 인간은 하나님의 거룩한 형상을 그대로 가지고 있었다. 주님의 음성을 오해 없이 그대로 받을 수 있도록 우리의 영이 살아 있었고, 우리의 존재가 맑고 순전했기 때문에 하나님께서 우리에게 말씀하실 수 있었다.

하나님이 직접 말씀하시면 굳이 믿으려고 용쓰지 않아도 된다. 그 말씀을 듣고 죄책감에 시달리지 않아도 된다. 그 말씀이 우리의 수준보다 너무 높아서 한평생을 그것을 연구하느라 진땀 빼지 않아도 된다. 주님이 말씀하면 그게 무슨 말인지 쉽게 알아들었다.

하나님의 말씀은 생명이고, 진리이며, 축복이다. 하나님과 생명의 교제를 위해서 딱 한 가지 금령, 즉 선악을 알게 하는 열매를 먹지 않는 것이었다. 이것은 하나님의 말씀을 벗어나면 죽는다는 뜻이었다.

선악을 알게 하는 나무의 열매는 먹지 말라 네가 먹는 날에는 반드시 죽으리라 하시니라 창 2:17

하나님은 단 한 가지 금령만 주셨다. 그러나 그 외의 말씀에 대하여 그대로 '아멘'으로 화답하면 누릴 수 있게 해주셨다. 그래서 말씀을 생명으로 취해서 순종하기만 하면 더는 고아나 길 잃은 양처럼 살지 않아도 된다. 하나님은 우리에게 이렇게 말씀하신다.

'나는 너의 하나님이요, 너의 생명이라. 내가 가라면 가고, 내가 너에게 축복하면 그건 그대로 축복이 된다.'

너는 나 없이 한순간도 살 수 없다

정말 아름다웠던 에덴에서 오직 한 가지 금령만 지키면 됐다. 그건 굳이 어길 이유도 없었다. 어길 필요가 없는 삶이었기 때문이다. 주님의 말씀을 영적인 의미로 해석하면 이것이다.

'넌 나 없이는 살 수 없어! 포도나무 가지가 나무에 붙어서 진액을 받아 생명의 충만함으로 꽃을 피우고 열매를 맺는 것처럼 말이야. 나는 너의 영광이란다.'

나무는 가지를 통해 그 나무의 생명의 영광을 드러내지 않는가? 가지를 통해 꽃과 열매를 맺어 나무의 생명에 담겨진 충만한 아름다움과 열매를 드러낸다. 주님은 우리가 당신의 영광의 찬송이 되게 하시려고 우리를 주님의 형상으로 지었다고 말씀하셨다. 우리는 금령 하나만 기억하고, 그것을 지키면 됐다.

'넌 나 없이는 한순간도 살 수 없는 존재야!'

우리는 누군가에게 아무리 후원자가 되고 싶어도 평생 후원하는 게 쉽지 않다. 아이가 어려서 안고 있기만 해도 예쁠 때는 부모가 자신의 아이를 24시간 데리고 있는 일이 크게 어렵지는 않다. 그런데 발목에 조금 힘이 들어가면 아이가 요구하는 게 많아진다. 그러다 나중에는 부모를 못살게 군다. 그래서 주님이 때가 되면 부모의 한계를 아시고 자녀에게 독립하고 싶은 마음을 주신다.

어렸을 때는 손을 붙잡아주지 않으면 한 걸음도 걷지 못하던 아이가 어느 순간 엄마 손을 뿌리치고 혼자 걷다가 넘어지기를 반복한다. 지독하게 말을 안 듣고, 일을 저지르고 다니지만 모든 뒷수습은 부모가 한다. 그것도 하루 이틀이지 계속 못한다. 그래서 자녀가 성인이 되면 얼른 아무 짝이나 만나서 제발 눈앞에서 사라져주는 것이 부모의 무한한 소원이다. 결국 감당할 능력이 없기 때문이다.

그러나 놀랍게도 주님은 영원하셔서 우리가 앉으나 서나, 자나 깨나, 숨 쉴 틈도 없이 주의 이름을 부르는 모든 순간에 '오직 주님으로 말미암아, 주님으로만, 주님으로 인해서' 살기를 원하신다. 밤낮으로 우리의 목자가 되어 모든 것을 공급해주고, 빛과 생명이 되어주신다. 주님은 우리 없이는 사실 수 없는 것처럼 우리에게 온 마음을 쏟으시며, 우리도 그분만을 바라보며 살 것을 원하신다.

말씀의 양면성

'선악을 알게 하는 열매를 먹지 말라'는 명령이 우리를 얽어맸는데 그것은 금령이 아니라 우리에게 주님의 것을 마음껏 누릴 수 있도록 하신 하나님의 가장 안전한 축복이었다.

불행하게도 한 가지 금령을 어기는 바람에 주님이 우리에게 직접 말할 수 있는 길이 막혔다. 주님께서 친히 말씀하시면 그 음성을 들을 수 있었던 우리의 운명이 비참해져서, 주님은 우리에게 당신의 생명의 말씀을 직접 하시지 못했다. 친히 말씀하시려고 나타나시면 우리는 의로우신 주님 앞에 불타 없어질 수밖에 없다.

불행한 일이었다. 그래서 주님이 모세에게 말씀을 주실 때 돌판에 십계명을 새겨주셨다. 상징적이지만 순종하기만 하면 살 수 있는 하나님의 계명을 요약하여 돌판에 새겨주신 것이다.

역사가 흐르고 예수 그리스도가 이 땅에 오실 때, 말씀이 육신이 되어 우리 가운데 오셨다. 그전에 직접 말씀을 듣거나 돌판에 새겨진 율법을 보고도 지킬 수 없었던 절망적인 죄인인 우리를 하나님이 살게 하시려고 친히 말씀이 육신이 되셨다.

우리와 운명을 같이하시려고 말씀과 정반대인 저주된 운명을 주님의 말씀으로 돌이켜 살게 하시고, 그 말씀이 우리의 생명이 되게 하시려고 친히 하나님이신 아들 예수 그리스도가 육신이 되어 우리 가운데 오셨다. 인간이 되어 우리와 함께하시고, 우리의 심판에 참여하여 저주받은 운명에서 일으키사 생명의 말씀으로 살아갈 길을 열어주셨다.

주님은 완전한 복음을 통해서 에덴에서 쫓겨난 이후 하나님의 말씀대로 살 수 없는 존재가 된 비극적인 우리의 운명을 바꿔주셨다. 하나님의 말씀에 존재적으로 순종할 수 없는 우리의 저주받은 운명, 거룩한 말씀을 이룰 수 없는 우리의 운명을 십자가에서 끝장내시고 부활하셨다. 이제 우리는 주님과 연합하여 오직 진리로만 살 수 있는 존재가 되었다.

사람이 떡으로만 사는 것이 아니요 여호와의 입에서 나오는 모든 말씀으로 사는 줄을 네가 알게 하려 하심이니라 신 8:3

이 일은 십자가의 복음 없이는 불가능했다. 예수 그리스도가 오시지 않고는 불가능했다. 저주받은 생명으로는 불가능한 일이었다. 그런데 주님이 오셔서 그 일을 우리에게 가능하게 하셨다. 드디어 주님께서 언약하신 대로 십자가로 모든 하나님의 저주와 심판을 끝내셨다.

말씀은 양면적이어서 순종하면 복이요, 거절하면 저주가 된다. 이 양면의 말씀을 모두 이루시기 위해 저주를 끝내시고 하나님의 말씀대로 살아내도록 진리 자체이신 하나님이 성령 하나님을 우리 안에 보내주셨다.

진리의 주인

우리 안에 성령이 내주하심으로 진리가 주인이 되어 주의 거룩한 말씀을 따라 살게 한다. 양식을 먹어야 육체가 살듯이, 영에 속한 우리는 하나님의 진리를 먹어야 사는 존재로 바꿔놓으셨다. 그러므로 진리 자체이신 성령님과 한순간도 떨어지면 안 된다.

우리는 23시간 55분을 주님 안에서 잘 살아도, 남은 5분을 하나님의 은혜에서 벗어나면 죄짓고 엎어지게 되어 있다. 한순간도 우리를 그냥 두어서는 안 된다. 부모가 어린아이에게 잠시 눈을 떼면 큰일 난다. 아기는 무엇이든지 집어먹는다. 심지어 자기가 싼 똥도 집어먹는 걸 봤다.

하나님이 우리를 사랑하시고 존귀히 여기신 증거 가운데 하나는 우리에게 말씀하신다는 것이다. 하나님이 입 딱 닫고 우리를 외면하시고 돌아보지 않으시면 우리는 그분과 교제할 길이 없다. 하나님이 우리를 소중히 여기시는 가장 뚜렷한 특징은 우리에게 말씀하신다는 사실이다. 그런데 우리의 범죄로 대화의 통로가 끊어지자 주님은 관계를 회복시키기 위해 우리의 죽은 영혼을 다시 살리셨다.

그분이 할 수 있는 모든 노력을 다하셔서 갈보리 언덕 십자가에 당신의 아들을 매달아놓으시고 우리에게 쏟아야 할 모든 분노와 심판을 예수님께 쏟아부으셨다. 그리고 우리 안에 보혜사 성령님을 보내사 지금부터 영원까지 내주하게 하시어 말씀하신다. 그래서 성령 하나님을 진리의 영이라고도 하고, 예수의 영이라고도 한다. 주님께서 우리에게 이렇게 말씀하신다.

옛적에 선지자들을 통하여 여러 부분과 여러 모양으로 우리 조상들에게 말씀하신 하나님이 이 모든 날 마지막에는 아들을 통하여 우리에게 말씀하셨으니 이 아들을 만유의 상속자로 세우시고 또 그로 말미암아 모든 세계를 지으셨느니라 히 1:1,2

우리가 먹고 살아야 하는 주님의 사랑과 그 거룩한 영혼의 양식을 우리에게 들려주고 싶은 하나님의 마음이 얼마나 간절한지 알 수 있다. 말씀을 알고 싶어 하는 우리보다 주고 싶어 하시는 주님의 마음이 더 애절하시다. 역사는 저주받아 기억상실증에 걸린 아이처럼 하나님을 잃어버리고 진리를 떠난 우리가 알아들을 수 있도록 모든 방법을 다해 여러 모양으로 말씀해왔다. 하나님이 역사의 마지막 날에 아들을 통해 우리에게 말씀하신다.

진실로 진실로 너희에게 이르노니 죽은 자들이 하나님의 아들의 음성을 들을 때가 오나니 곧 이때라 듣는 자는 살아나리라 요 5:25

바로 전 구절에서는 이렇게 말하고 있다.

내가 진실로 진실로 너희에게 이르노니 내 말을 듣고 또 나 보내신 이를 믿는 자는 영생을 얻었고 심판에 이르지 아니하나니 사망에서 생명으로 옮겼느니라 요 5:24

살리는 말씀, 건지는 말씀, 고치고 축복하는 말씀, 이 생명의 말씀을 주님이 우리에게 주셨다. 주님이 이 어마어마한 생명의 말씀을 주신 것이 기적이다. 참으로 성경은 기적의 책이다. 그냥 책이 아니다. 이 세상에 존재하는 수많은 책 가운데 하나가 아니다. 바로 '그 책'(The Book)이다. 하나님이 우리에게 주신 오직 하나의 책이다.

09
CHAPTER

사탄의
끊임없는 도전

인류 타락의 시작

경전이라 불리는 코란과 불경, 몰몬경 등 수많은 책들이 이 땅의 지혜를 말하지만 성경과는 비교할 수 없다. 성경은 기적을 담고 있다. 여기서 기적이라는 말은 초월적인 마술을 뜻하는 것이 아니라, 내용 자체가 바로 우리의 모든 존재를 뛰어넘는 초월적인 내용, 하나님에 대한 내용을 담고 있다는 것이다. 하나님이 언약하신 옛 언약과 새 언약, 즉 구약과 신약은 살아 계신 하나님의 약속을 말한다.

그런데 이 모든 약속이 다 담겨진 성경 안에 있는 약속은 천지는 없어져도 일점일획도 결코 떨어지지 않는다는 것이다.

그러므로 모든 육체는 풀과 같고 그 모든 영광은 풀의 꽃과 같으니 풀은 마르고 꽃은 떨어지되 오직 주의 말씀은 세세토록 있도다

벧전 1:24, 25

이것을 하나님의 말씀이라 한다. 불경은 깨달은 말이라고 하지, 하나님의 말씀이라고 하지 않는다. 누가 감히 겁 없이 하나님의 말씀이라고 하겠는가?

놀랍게도 성경은 내용 자체가 살아 계신 하나님의 말씀이다. 성경은 기록 과정뿐만 아니라 보존하고 번역하는 모든 과정이 전부 끊임없는 도전이다. 사탄은 살아 계신 하나님의 말씀을 왜곡하려고 모든 짓을 다한다.

에덴동산에서 인류를 파멸로 이끌고 지옥을 만들어놓은 어마어마한 인류의 타락은 하나님의 말씀을 향한 도전에서 시작되었다. 에덴동산을 허물어버리거나 불을 지른다거나 해코지하는 것으로 인류를 멸망시킨 게 아니라 인간에게서 하나님의 말씀을 빼앗으려고 했던 것이다. 놀랍게도 하나님의 말씀으로 하나님의 말씀을 빼앗았다.

성경이 살아 계신 하나님의 말씀이라는 전제를 어쭙잖은 죄인의 통밥으로 머리를 굴려서 해석하는 신학자가 있다. 말씀을 이성적 논리로 뜯어서 해석하고 비판하다가 넋을 빼앗긴 신학자가 많다. 그 결과 기독교 역사에서 사탄에게 머리채를 통째로 붙들려서 교회를 해

코지하고 수많은 영혼들을 지옥으로 끌고 가는 일에 효과적으로 쓰임 받은 신학자도 많다.

사탄의 궁극적인 목적은 지금도 우리의 심령에서 말씀을 빼앗는 것이다. 놀랍게도 말씀으로 말씀을 빼앗는다. 사탄은 에덴동산에서 이렇게 말할 수는 없었다.

"야! 하나님은 없어!"

그때만 해도 살아 계신 하나님과 직접 교제를 했기에 사탄이 그렇게 어리석은 짓을 하지 못했다. 대신 사탄은 혼란스럽게 말했다.

하나님이 참으로 너희에게 동산 모든 나무의 열매를 먹지 말라 하시더냐 창 3:1

주님이 먹지 말라고 한 것은 단 하나였다. 그런데 하나님의 말씀을 빌미로 의심하게 만들고, 하나님을 향해 도전하여 말씀이 마음에서 떠나게 했다. 세월이 흘러 구원자로 이 땅에 오신 예수 그리스도가 40일을 금식한 후에 광야에서 시험을 당하실 때, 사탄은 감히 살아 계신 하나님의 아들께 말씀으로 도전했다. 성경구절을 동원해 '네가 정말 하나님의 아들이냐?'라고 물으며 하나님의 말씀을 흔들어댔던 것이다.

네가 만일 하나님의 아들이어든 명하여 이 돌들로 떡덩이가 되게 하라…네가 만일 하나님의 아들이어든 뛰어내리라 기록되었으되 그가 너를 위하여 그의 사자들을 명하시리니 그들이 손으로 너를 받들어 발이 돌에 부딪치지 않게 하리로다 하였느니라 마 4:3,6

악한 그들의 도전은 하나님의 말씀이 기록된 이 내용 안에 있는 권위를 '하나님의 말씀이 아니다'라고 비평하고 비교하게 만들었다. 그들은 이렇게 말한다.

"고대에 이런 비슷한 신화나 설화들이 있었는데 비슷한 이야기를 붙여서 적은 것이다. 다 인간이 만든 이야기다."

사탄은 어떻게 하든 성경이 살아 계신 하나님의 말씀이라는 사실을 허물고, 내용을 틀어 없애려고 수없이 많은 도전을 했다. 신학자들뿐만 아니라 인본주의자들, 과학자들, 하나님을 떠나 본질적으로 하나님의 불순종의 영 가운데 붙들린 영혼들이 끊임없이 역사 내내 시도해온 일이 성경의 내용을 다 무효화시키는 일이었다.

하나님은 성경 내용이 기록되고 보존되게 하기 위해 어마어마한 투자를 아끼지 않으셨다. 성경이 살아 계신 하나님의 말씀임을 증거하시려고 신실한 하나님의 사람들을 사용하셨다.

성경을 보존하기 위한 사투

하나님의 권위를 허물려고 하는 자들에게서 기록된 성경을 보존하고 번역하는 일은 말로 다할 수 없는 노고였다. 전 세계에 흩어져서 성경번역 사역을 하는 수많은 선교회와 선교사들의 이야기를 들어보면 눈물겹다.

한 사람의 인생을 다 바치고도 부족해 아버지가 이국 땅에서 번역하다가 소천하자, 아들이 물려받아 번역했다. 대를 이어가면서 성경을 번역하고 보존하며, 살아 계신 하나님의 말씀을 전하려고 노력했다. 기록된 것, 번역된 것, 보존하는 것이 모두 하나님의 초월적인 기적으로 이루어졌다.

성경의 전달 과정을 증언한 선교사님들의 고백을 들으면 놀랍다. 길고 긴 시간 동안 무슬림 권에서 성경 한 권을 전달하기 위해 지금도 돌돌 싸서 장롱 깊숙이 숨겨 놓았다. 이것이 언제 빛을 보게 될까? 잘못 전달했다가는 모든 것이 끝장나는 위험을 무릅쓰고 성경 하나를 전달하려고 목숨을 건 성경 밀수꾼들이 있다.

종교개혁 이전에 가톨릭이 타락해서 교회의 이름은 가지고 있으나 하나님의 말씀을 저버리고 성경을 빼앗았던 그 시대에도 말씀을 지켜내려고 수많은 사람이 희생했다. 한 예로 존 위클리프(John Wycliffe)라는 사람은 성경의 진리를 증거하고 전하기 위해 그것을 기록하고 번역해 전파하려다 죽임을 당했다. 그것도 모자라 나중에는 무덤을 파헤쳐 그 몸이 다시 능욕당하는 무지막지하고 악독한 핍박을 받았다. 죽은 시체를 끄집어낼 정도였다면, 살아 있는 사람들은 오죽했겠는가?

지금도 하나님의 말씀을 전달하기 위해 끊임없이 자신의 생명을 불태우며 기나긴 시간을 숨도 제대로 쉬지 못하는 사람들이 있다. 답답한 인고의 시간들을 보내며 성경이 한 민족에게서 다른 민족에게로, 한 사람에게서 다른 사람에게로 전달되었다.

이천 년 전 예수님께서 이루신 살아 계신 십자가 부활의 복음을 기록한 성경이 전해지는 곳마다 말할 수 없는 핍박과 어려움이 공존하는 세월을 살았다. 백 년 전만 해도 조선 땅에서 성경을 받아들이는 것은 능지처참형에 속했다.

순교자의 피를 찍어

성경을 전했던 사람들은 죽임을 당했다. 토마스 선교사는 스물일곱의 시퍼런 가슴을 가지고 대동강변에 왔다가 복음을 전할 시간도 없이 자기 목을 치는 사람에게 성경 한 권을 전달하고 목이 떨어졌다. 박춘권이라는 병졸이 파란 눈의 청년을 칼로 내려치려고 하는데 그가 환한 얼굴로 미소를 지으며 책을 한 권 건넸다. 처음에는 선교사가 목숨을 맞바꾸면서 전달하려는 것이 무슨 책인지 몰랐다. 그러나 토마스 선교사의 목을 친 그는 나중에 교회 장로가 되었다.

지금도 숨을 죽이며 성경을 전달하려고 애쓰는 이들이 있다. 자기 앞길 가기도 바쁜 세상에서 하나님이 없다면, 내 인생과 청춘을 바칠 이유가 없다. 하나님의 말씀이 아니라면, 어떻게 그럴 수 있겠는가?

수많은 하나님의 사람들이 성경을 전달해 온 과정이 눈물겹다. 지금까지 성경의 진리를 지키기 위해 순교한 사람들의 피가 이 땅에 인쇄된 수십억 장 성경의 잉크보다 많다. 잉크 대신 순교자의 피를 찍어 성경을 써도 지금까지 인쇄된 성경을 다 인쇄할 수 있을 만큼 어마어마한 사람이 죽임을 당했다. 그들은 생명 걸고 진리의 비밀을 전달해 왔다.

성경이 전달된 것 자체가 하나님의 기적이다. 나와 당신의 손 안에 지금 성경이 들려진 게 기적이다. 이보다 더 감사할 일이 어디 있겠는가? 당신 집에도 성경이 몇 권씩 쌓여 있을 것이다. 그 많은 성경을 다 읽기까지 얼마나 오랜 시간이 걸리겠는가? 그보다 큰 문제는 코앞에 둔 성경이 당신의 마음에 전달되기까지 걸리는 시간이다.

주님 앞에 엎어지기까지

노아는 하나님의 심판을 면해 살아날 수 있는 메시지를 120년 동안 외쳤다. 그러나 말씀이 사람들의 귓전을 스쳤을 뿐 그들의 마음에까지 닿지는 않았다. 한 사람도 구원을 못 받고 모든 인류가 한바탕 홍수에 휩쓸려 목숨을 잃고 말았다.

지금도 당신과 성경은 존재적으로 멀리 있다. 단 30센티미터도 안 떨어진 성경과 당신의 마음의 거리가 사실은 천국과 지옥만큼이나 멀다. 어떻게 그렇게 말씀을 전하는 자가 간곡하게 당부하며 애를 써도 꿈쩍하지 않는지 모르겠다.

우리도 처음부터 그랬던 건 아니다. 특히 3대, 4대, 5대 모태신앙 자들이 성경 읽는 것을 대단한 노역을 한 것처럼 여긴다.

"저는 어렸을 때부터 성경을 안 읽으면 저녁밥을 못 먹었어요. 또 다른 노래는 못 부르고 찬송가만 불러야 했어요."

이렇게 말하며 자기 나름의 상처 받은 이야기를 하는 사람이 있는데, 사실은 그게 얼마나 감사한 일인가. 신앙을 가진 가정에서 태어나 어렸을 때부터 축복기도를 비롯해 성경을 품에 안겨줘도 교회에 나오지 않는 사람이 있다. 인터넷과 잡지, 소설과 드라마 속의 쓰레기 같은 이야기에 미쳐 발광하면서도 생명의 말씀은 베고 자고, 안고 자고 별짓을 다한다.

그들의 눈앞에 있는 말씀이 그들의 심령에 닿기까지 얼마나 많은 시간이 걸렸고, 얼마나 많은 희생이 있겠는가? 그들이 하나님의 말씀 앞에 서서 복음이 심령에 부딪혀 주님 앞에 팍 엎어져 온전히 믿음으로 나아가기까지 얼마나 힘든 과정을 겪었겠는가?

말씀이 실제가 되는 데까지 얼마나 많은 이들의 눈물과 수고가 있었는지 모른다. 놀라운 주님의 기적이 임하지 않고서야 육(肉)에 속한 사람은 성령의 일을 받지 못한다.

> 육에 속한 사람은 하나님의 성령의 일들을 받지 아니하나니 이는 그
> 것들이 그에게는 어리석게 보임이요, 또 그는 그것들을 알 수도 없나
> 니 그러한 일은 영적으로 분별되기 때문이라 고전 2:14

모태신앙의 전형인 유대인들은 하나님께 받은 말씀을 미리 맡아서
어떤 민족도 누릴 수 없었던 축복을 받았다.

> 그런즉 유대인의 나음이 무엇이며 할례의 유익이 무엇이냐 범사에 많
> 으니 우선은 그들이 하나님의 말씀을 맡았음이니라 롬 3:1,2

유대인의 나음이 무엇인가? 모태신앙의 나음이 무엇인가?
많은 유익 중 하나가 하나님의 말씀을 맡은 것이다.
주님의 말씀이 우리에게 실제가 되기까지 얼마나 많은 중인들의 섬
김과 희생이 있었는가? 말씀을 기록한 것도 기적이요, 전달한 것도
기적이요, 적용하여 우리 삶의 실제가 되게 하는 모든 것이 다 하나
님의 은혜다. 하나님의 신적인 능력, 하나님의 기적이 아니었더라면
이 성경은 나와 아무런 상관이 없고, 내 손에 들려질 수도 없었다.

끝이 보이지 않는 길

구약에 이스라엘이 망해갈 무렵 '요시야'라는 어린 왕이 등극한 부분이 나온다. 그가 개혁운동을 할 때 하나님의 백성에게서 외면당한 성전을 수리하다가 먼지가 쌓여 있는 두루마리 성경이 있다는 것을 뒤늦게 깨달았다.

하나님의 백성이라는 자들이 밥은 먹고 살면서도 진리의 복음이 먼지에 쌓인 채로 성전에 있다는 사실을 전혀 몰랐는데 나중에 성전을 수리하다가 알게 되었다.

서기관이 먼지 쌓인 성경을 발견하여 요시야 왕에게 읽어주었다. 그러자 왕이 '아악' 소리를 지르고 옷을 찢으며 회개했다. 마지막 짧은 불꽃처럼 요시야 왕이 개혁운동을 일으켰다. 이것이 망하기 직전 이스라엘 백성의 모습이었다. 이런 일이 현대의 우리에게 너무 가까이 다가온 것 같아서 가슴이 섬뜩하다.

다른 건 다 그만두고, 우리의 친족이나 이웃들을 한번 보라. 성경에 둘러싸여 있으면서도, 수없는 눈물로 간구해도, 여전히 그들은 돌아오지 않는다. 이 땅에 살아 계신 하나님의 말씀이, 우리에게 다가와서 내게 '아멘'이 되고, 그 말씀이 실제가 되는 삶을 사는 것은 천지개벽보다 더 기적이다.

말씀이 심령에 닿기가 제일 힘든 사람이 바로 나와 당신이다. 기분 나빠도 이 사실을 받아들이길 바란다. 이렇게 불가능했던 말씀이 우리 안에 오기까지 하나님이 우리에게 베푸신 놀라운 은혜를 생각해 보라.

대만에 2,000미터 이상의 고봉들이 어깨를 맞대고 있는 타이루거 협곡(太魯閣峽谷)이라는 어마어마한 계곡이 있다. 아마도 내가 알기로는 동서를 잇는 것 같다. 그 계곡이 얼마나 까마득한지, 민둥 바위산이 양쪽 계곡을 갈라놨을 정도다. 몇 천 년을 두고 땅이 생긴 이래로 이쪽에서 저쪽으로 건너가기가 불가능해 보인다.

육안으로 보면 끝이 보이지 않을 만큼, 멀고 깊어서 무엇을 놓는 것이 불가능하여 거기를 통과할 수가 없었다. 그런데 일제 때 바위가 일자로 깎인 곳에 굴을 뚫어서 길을 만들었다. 그 거구의 산들을 굴비 엮듯 꿰고 가는 둥시헝관궁루(東西橫貫公路)를 만든 것이다.

단단한 돌로 이루어진 협곡이었는데 굴을 뚫는 작업을 했으니 얼마나 시간이 많이 걸렸겠는가. 그리고 숫자를 줄여서 기록했을 텐데도, 수천 명이 죽은 것으로 기록되어 있다. 태고 이래 건너볼 수 없었던 계곡, 이 죽음의 협곡을 살아서 건너갈 수 있도록 길을 하나 만들기 위해 수많은 생명이 희생됐다. 워낙 깊은 협곡이라 추락한 잔해를 끄집어낼 수도 없다. 그런 협곡에 만들어놓은 도로를 차 타고 건너본 적이 있었다. 결론이 보이지 않는 일을 위해 수많은 사람이 죽고 또 죽어서 한 번씩, 한 점씩 끄집어내며 바위를 뚫고 길을 만들어낸 것이다.

보이지 않는 길을 걷는 사람

복음이 완성된 게 2천 년 전인데, 성경이 우리나라에 들어온 것은 겨우 130년 전이다. 앞이 보이지 않는 순간에 수많은 과정을 거쳐 끝을 보지 못한 선교사들은 미래의 약속을 바라보며 믿음으로 걸었다. 400년 후를 바라보며 믿음의 길을 걸었던 아브라함처럼 열매도 보이지 않고, 눈으로 볼 수 없었던 그 길을 걸었다.

지금처럼 멋있는 집회를 하면서 열매를 보고 결과에 흥분하며 감격하는 사역에 젖어 있는 사람들은 도저히 못 견뎠을 일이다. 그들은 아무리 땅을 파도 끝이 보이지 않고, 일이 진척되지 않으며, 숨을 죽이고 기다려도 기회가 열리지 않는 일을 했다. 어떤 때는 기도만 10년, 20년씩 해야 했다. 한 예로 네팔 선교가 중단돼서 150년 동안을 네팔 국경 근처에서, 대를 이어가며 복음을 전하는 날이 오기만을 기다린 선교사 가족도 있다.

생명의 복음을 우리에게 전해주려고 끝이 보이지 않는 길을 걸었다. 멋있는 일, 열매를 거두는 일은 누구라도 할 수 있다. 엄청난 동지들이 있고, 어마어마한 환호성과 격려를 받으며 주목받는 일을 하기는 쉽다.

열매를 맺기 위해서 하나님이 이 일을 이루기까지 얼마나 많은 이들의 보이지 않는('고맙다'는 소리를 한 마디도 들어보지 못한) 헌신과 수고가 있었는지는 우리가 감히 상상할 수 없다.

성경이 우리에게 주어지기까지 얼마나 힘든 기록과 보존과 전달 과정이 있었는지 모른다. 또한 말씀이 우리 안에 들어와 마음을 움직일 때까지 외마디라도 "다시 복음 앞에! 오직 성경으로!"라는 고백을 외치기까지 얼마나 많은 이들의 눈물과 희생과 수고가 있었는지 모른다. 이것을 생각하면 말씀을 대하는 우리의 가슴이 떨리지 않을 수 없다. 우리가 그토록 무시하며 살아온 말씀이지 않은가.

'너는 쌍둥이를 낳았구나'

나는 아내가 아이를 다섯 명 낳는 동안 아기가 저절로 태어나는 줄 알았다. 그런데 손주가 태어날 때, 갑자기 위급한 결정을 해야 하는 상황을 시시각각 전화로 보고받았다.

"산모를 이대로 두면 위험하고, 아이도 위험합니다."

아이가 태어날 날은 아직 많이 남아 있었다. 말하자면 미숙한 상태로 태어나야 한다는 것이다. 그저 때가 되면 쉽게 낳는 줄 알았던 아이가 갑자기 그런 과정을 겪게 되자 내가 모르던 상식이 들려왔다.

"태아에게 혈액이 공급이 안 됩니다. 빨리 결정을 해야 합니다. 어떻게 할까요?"

시간마다 보고를 받는데 애가 탔다. 예정 날짜까지 엄마 배 속에 있는 게 좋은 것만 알았지 하루, 이틀 빨리 태어나는 것이 그토록 큰 차이가 있는지 몰랐다. 미숙아로 태어나는 것이니 하루라도 더 배

속에 있게 하고 싶은 엄마의 간절한 기대와 달리 상황은 점점 어려워져 수술을 해야만 했다. 결국 아기는 1킬로그램 조금 넘는 미숙아로 태어나 인큐베이터에 들어갔다. 너무 안타까워 볼 수가 없었다.

그저 때가 되어 결혼하고 아이를 낳으면 저절로 자라려니 했고, 너무 쉽게 자라준 아이들 덕분에 그게 고마운 일인 줄 몰랐다. 그러다가 수술하여 아이를 낳은 산모에게 가서 기도를 해주려고 하는데 문득 스쳐 지나가는 생각이 있었다.

아들 선교사 내외가 도저히 문이 열리지 않을 것 같던 어느 한 지역으로 부르심을 받고 그 종족을 위해 기도해온 지 10여 년쯤 되었던 때였다. 도저히 길이 보이지 않는 세월을 오랫동안 준비하며 기다리다가 드디어 올해 주님이 길을 열어주셔서 들어갔다. 10여 년 동안 기도한 끝에 간신히 들어간 것이다. 아무리 기도해도 가능성이 보이지 않던 곳에 들어가게 된 것이다.

복음을 전할 수도 없는 강경 무슬림들 안에 둘러싸여 있고, 역사적인 배경 때문에 도저히 기독교를 받아들일 수 없는, 한마디로 희망이 보이지 않는 그 나라와 민족을 위해서 하나님은 여러 사람이 기도하게 하셨다. 그렇게 현지에 들어가기 위해서만 10여 년을 기도하게 하셨는데, 들어가서 어떻게 복음을 전해야 할지는 또 남은 과제다.

어느 만큼의 시간이 걸려야 할지 알 수 없다. 현지어를 배우고 능숙하게 대화하며 복음을 전달하기까지 생각했던 것보다 많은 시간이 걸릴 수도 있다. 갑자기 이 생각이 났다. 그리고 아이를 위해서 기도해주는데 나도 모르게 이런 말이 툭 튀어나왔다.

"얘야, 너 쌍둥이 낳았구나."

태어난 아이는 딸 한 명이었는데, 불쑥 이렇게 말했다.

"너는 쌍둥이를 낳은 거야. 한 명은 오늘 태어난 아이고, 또 한 명은 십 년 동안 진통하며 가슴에 잉태하여 품은 민족이야."

태어난 아이가 자라는 데까지 또 얼마나 많은 시간이 걸리겠는가. 그러나 믿는 사람은 시간을 그렇게 계산하지 않는다. 주님께는 천 년이 하루 같고 하루가 천 년 같다는 사실을 믿기에 우리의 삶이 녹아지고 그날에 우리 형체가 없어져도 우리는 안다. 하나님의 거룩한 약속이 거기에 남아 나무가 되고 열매를 맺어 온 땅을 덮을 것을, 늦은 것 같으나 온전한 그날이 올 때를 알고 있는 것이다.

'아, 그렇구나. 그런 수고를 거쳐서 하나님이 우리를 낳으셨구나. 하나님이 우리에게 그런 말씀을 주셨구나.'

모든 과정과 순간이 다 기적이었다. 운명적으로 병든 자아를 가지고 태어나서 본질상 원수의 자식, 진노의 자식이었던 나를 말씀이 허물고, 진리로 새롭게 세운 것이 기적이다. 보잘것없어 보이는 내 인생에 잃어버린 하나님의 형상을 되찾게 하시기 위해 주님의 손길이 그토록 끊임없이, 오랫동안 이어져온 것이다. 이런 주님을 찬양하기 원한다.

나를 지으신 이가 하나님

나를 부르신 이가 하나님

나를 보내신 이도 하나님

나의 나 된 것은 다 하나님 은혜라

_〈하나님의 은혜〉 중에서

흔들림 없는 히스토리 메이커

성경말씀이 내게 전달되기까지 눈물겨운 과정이 있었다. 그렇다면 이 말씀이 내게 실제가 되는 것은 어떠하겠는가. 말씀이 나를 허물고 다시 살릴 수 있다. 주님의 십자가와 부활은 단지 2천 년 전의 사건이 아니다. 성령 안에서 이 진리로 나를 허물고 죽이시며 다시 영원한 주님의 생명으로 일으키기까지 하나님이 이루신 일이야말로 기적 중에 가장 놀라운 기적이다.

우리에게 놀랍게 주어진 하나님의 살아 계신 말씀은 이 땅에서 어느 누구도 밝힐 수 없었던 역사의 비밀이다. 하나님은 이 역사의 영적 실체를 성경을 통해서 우리에게 보여주셨다.

눈에 보이는 모든 피조 세계와 우리 일생의 비밀, 어느 누구도 밝힐 수 없는 영적 세계에 대한 비밀, 모든 현상 너머에 존재하는 비밀을 성경을 통해서 완전히 드러내주었다.

태초에 말씀이 계시니라 이 말씀이 하나님과 함께 계셨으니 이 말씀은 곧 하나님이시니라 그가 태초에 하나님과 함께 계셨고 만물이 그로 말미암아 지은 바 되었으니 지은 것이 하나도 그가 없이는 된 것이 없느니라 그 안에 생명이 있었으니 이 생명은 사람들의 빛이라 … 말씀이 육신이 되어 우리 가운데 거하시매 우리가 그의 영광을 보니 아버지의 독생자의 영광이요 은혜와 진리가 충만하더라 요 1:1-4,14

우리의 삶의 근원이요, 원인이 되는 영적 세계를 이해하지 못하고는 현실 세계를 바르게 이해할 수 없다. 역사에 대한 바른 이해는 눈에 보이는 역사, 즉 시간으로 이어진 시간의 나열이 아니다. 역사는 사건의 반복이 아닌, 바로 '히스 스토리'(His Story)다! 역사의 시작이 되시고 결론이 되시며, 지금도 역사를 다스리며 운영해가시는 살아계신 하나님의 역사인 것이다. 그러므로 하나님을 모른 채 역사를 이해한다는 말은 새빨간 거짓말이다.

역사의 매커니즘을 이해하고 분석해서 정반합(正反合)의 원리를 말하는 사람들 중에 꽤 합리적인 것처럼 이야기하는 역사가들이 있다. 미안하고 죄송한 이야기지만 역사의 진정한 이해는 이 역사의 배후인 영적 세계, 역사를 다스리시고 주관하시는 알파와 오메가 되시는 하나님을 모르고는 절대 이해할 수 없다. 내 일생에 대한 바른 이해 또한 마찬가지다. 그런데 유일하게 성경이 바로 이 영적 세계의 비밀을 드러내주고 있다.

우리는 안개 속을 더듬어가는 인생이 아니다. 진리를 만난 사람들은 떠오르는 아침 햇빛보다 더 명확하게 드러나 있는 확실한 역사의 귀결을 분명히 안다. 자신이 걸어가야 할 길을 바로 알고 조금도 흔들림 없이 뚜벅뚜벅 걸어갈 수 있는 역사의 주인공들이다. 하나님께서 이 일을 위해 나와 당신을 역사의 주자로 불러 세워주신다.

10
CHAPTER

삶의 주인을
분명히 하라

세상나라와 공존할 수 없는 하나님나라

영적 세계를 밝히는 숨길 수 없는 두 가지 중요한 기둥이 있다. 바로 진리의 다림줄인 성경과 흑암의 세력을 부수고 이긴 십자가와 부활의 능력이다. 하나님은 우리에게 이 놀라운 사실을 알게 하시려고 십자가의 복음을 성경말씀에 담아주셨다. 이 말씀을 받을 때 한 가지 확실하게 알게 되는 것은 눈에 보이는 세계는 두 나라가 존재한다는 것이다.

지금 나와 당신이 살아가고 있는 역사를 성경적 사관으로 바라볼 때 이것은 현상만으로 존재하는 것이 아니다. 하나님의 관점에서 영적인 눈으로 볼 때는 엄연히 두 나라가 존재한다. 이 세상에는 국경으로 나누어진 나라들이 존재한다. 같은 반도인데 허리를 둘로 나누어서 북한 땅과 남한 땅, 서로 다른 체제로 갈라져 있다. 이렇게 많은 나라가 존재하지만 그 차이는 대동소이하다.

영적인 관점에서 볼 때 세상에는 국경보다 더 엄연히 분명하게 나누어진 두 나라가 존재한다. 하나는 하나님께 속한 하나님나라요, 다른 하나는 사탄에게 속한 세상나라다. 성경에서는 이렇게 말한다.

또 아는 것은 우리는 하나님께 속하고 온 세상은 악한 자 안에 처한 것이며 요일 5:19

하나님나라와 세상나라가 완전히 대치 개념으로 분명하게 갈라져 있다. 주님은 우리가 볼 수 없었던 이 나라를 보여주시며 우리가 어떤 환경과 상황에 처해 있는지 우리의 영적 세계를 분명히 드러내주신다. 그동안 우리가 아무리 애를 써도 알 수 없었던 역사의 비밀과 내 인생의 운명의 비밀이 밝히 드러난다. 우리는 성경의 진리를 통해 어디에 속하여 어떤 원리를 따라 어떤 나라의 백성으로 살아야 할지를 명확하게 알 수 있다.

하나님나라와 세상나라는 서로 대치하여 전쟁하는 것처럼 보인다. 그렇지만 한 가지 오해가 없기 위하여 분명한 전제, 놓치지 말아야 할 진리가 있다.

성경은 분명 하나님나라를 대적하는 악의 세계, 어두움의 세계, 즉 세상에 대해 말하고 있다. 하나님의 선한 통치에서 벗어나 있는 것들, 그것이 사람이든 어떤 영역이든 간에 하나님의 통치에서 벗어나 있는 모든 것들이 여기에 포함된다.

여기서 주의해야 할 점이 있다. '세상을 미워하라'는 것을 눈에 보이는 실제들과 상황들을 미워하라는 말로 오해해서는 안 된다. 성경이 뜻하는 바는 하나님의 통치, 하나님의 진리에서 벗어난 모든 것들을 아울러서 표현한 것이다.

주체가 되는 하나님나라

세상나라와 하나님나라를 말할 때, 한 가지 분명한 전제를 기억할 것은 모든 나라는 분명 하나님의 주권 아래 있다는 사실이다. 하나님나라를 대적하는 세상나라조차도 하나님의 절대 주권 아래 있다는 사실을 결코 잊어서는 안 된다. 하나님은 사탄과 씨름할 분이 아니다. 하나님은 절대자 하나님이시다.

하나님나라는 결코 세상나라와 섞일 수 없다. 그런데 많은 사람들이 복음 안에서 영적인 삶을 산다고 하면서도 이 개념이 전혀 없다. 그러니까 교회 안에 여전히 세상나라가 들어와 존재하고 있다. 이 끔찍한 운명이 벗겨지지 않은 채로 사탄이 지배하는 세상나라가 본성적으로는 하나님나라에 대해서 적대적이면서도 하나님나라를 모방한다.

그러므로 현상이나 상황이나 우리의 조건들로는 하나님나라와 세상나라를 구분할 수가 없다. 사탄이 얼마나 완벽하게 속이며 모방을 하는지 모른다. 그는 광명의 천사로도 모방을 하고, 심지어 성령의 역사로도 모방한다. 그러니까 초월적인 일이 나타난다고 해서 무조건 분별하지 않고 따라가면 큰일 난다! 성령의 이름을 거들먹거린다고 순정을 바치면 안 된다. 정신을 똑바로 차려야 한다. 분명한 것은 하나님나라와 세상나라는 절대 섞어서 공존할 수가 없다는 사실이다.

이 말은 어느 편에 설 것인지 확실히 하라는 것이다! 예배드리고 은혜 받을 때 보면 하나님나라의 백성들처럼 보이는데, 회의하다가 물컵을 엎고 화를 낼 때는 장로님인데도 하나님나라에 속했다는 증거가 전혀 안 보인다. '완전 마귀나라에 속했구나' 이런 냄새가 풍기는 사람이 있다. 그들은 이중목적을 가진 것처럼 보인다. 그러나 내용상 절대 섞일 수 없다.

적당하게 이렇게 말할 수 없다.

"저는 하나님도 사랑하지만 세상도 사랑해요. 저는 극단적으로 치닫는 흑백논리를 싫어하는 사람이에요. 물론 주님을 많이 사랑해요. 그렇지만 그만큼 세상도 사랑해요."

이런 사람은 요한일서 말씀을 기억해야 한다.

이 세상이나 세상에 있는 것들을 사랑하지 말라 누구든지 세상을 사랑하면 아버지의 사랑이 그 안에 있지 아니하니 이는 세상에 있는 모든 것이 육신의 정욕과 안목의 정욕과 이생의 자랑이니 다 아버지께로부터 온 것이 아니요 세상으로부터 온 것이라 요일 2:15,16

세상도 사랑하고, 주님도 사랑한다?

세상을 사랑하면서 하나님을 사랑한다고 하는 것은 새빨간 거짓말이다. 어떤 사람은 말씀은 옳지만 현실은 녹록한 게 아니라며, 자기는 세상과 더불어 주님을 사랑한다고 말한다. 엄밀하게 말하면 세상은 49퍼센트 사랑하고, 주님은 51퍼센트 사랑한다. 그러면서 속으로 이런 생각을 품고 있다.

'마지막 날에 주님이 나를 모른다고 하면서 버리기에는 아까울걸?'

세상을 사랑하는 사람들이 교회 안에 얼마나 많은지 모른다. 그들은 자녀를 결혼시키려 할 때 이렇게 말한다.

"무엇보다 믿음이 좋아야죠. 우리 집안은 며느리를 고를 때 믿음만 볼 거예요."

그렇지만 나중에 선택의 기로에 서면 마음이 바뀐다.

"믿음도 있어야 되지만, 현실은 단순한 게 아니에요. 어떻게 영적인 것만 보겠어요? 학벌을 안 볼 수가 없지요. 집안도 봐야지요. 또 보기 좋은 떡이 먹기에도 좋다고 무질서하게 생긴 것보다는…."

멀쩡히 앉아서 신령한 기도를 할 때는 듣는 사람이 부담을 느낄 정도인데, 실제 복음 앞에 서면 이상한 권사들이 한둘이 아니다. 도대체 어느 편에 서 있는지 알 수가 없다.

분명한 것은 하나님나라가 주체이다. 지금 이 세상을 보면 정사와 권세와 모든 죄악된 시스템을 사탄이 쥐고 흔드는 것처럼 보인다. 교회는 초라하게 찌그러져 있고, 악의 세력이 이 땅에서 기승을 부리는 것처럼 보인다. 그러나 하나님나라가 주체국이고, 대세로 보이는 세상나라는 기생하는 나라요, 빌붙는 나라다. 따라서 세상나라가 하나님나라의 눈치를 봐야 한다.

그런데 지금 우리 상황은 교회가 세상의 눈치를 보고 있다. 교권이 세상 눈치를 보고, 유행의 눈치를 보며 절절맨다. 유행 따라 사는 게 진리인가? 얼마나 겁이 많은지 여론에 휩쓸려 예수님 얘기, 십자가 얘기를 하면 큰 죄라도 짓는 것처럼 부끄러워한다. 지금 누가 누구를 부끄러워하고 있는 형국인가? 예를 들어보겠다. 주인이 강아지를 데리고 왔는데 안 따라온다.

"너 왜 안 따라오려고 해?"

주인이 묻자, 강아지가 대답한다.

"주인님하고 가면 제가 쪽팔려요."

누가 누구를 부끄러워하고 있는 것인가?

오히려 예수님이 나를 부끄러워하는 게 당연지사다.

"주님 저랑 같이 가실래요?"

주님께 요청할 때, 주님이 거절해도 우리는 할 말이 없는 존재다.

"안 되겠다. 네가 잘 알지 않느냐? 너를 데리고 다니면 내가 정말 쪽팔릴 것 같아."

주님이 '너만은 안 되겠다'라고 하실 때, 우리가 사정해도 부족한데, 누가 누구를 부끄러워한다는 말인가? 왜 교회가 복음을 부끄러워하는가! 왜 교회가 십자가 얘기하는 것을 이렇게 쭈뼛대는가. 죄인들에게 무슨 장사를 하려고, 듣기 좋은 소리만 하는가. 좀 괜찮은 사람이 떠날까 봐 겁나서 십자가와 죄 얘기도 못하고, 심판을 얘기하지 못하는 게 말이 되는가!

복음을 부끄러워하는 세대

복음을 부끄러워할 뿐 아니라 변질시켜온 세대! 수십 년을 예수 믿으며 어마어마한 영적 체험을 하면서도 도대체 복음이 무엇인지 모른다. 거룩한 성령님 앞에 노출되고 나면, 성령님께서 제일 먼저 하시는 일이 무엇인 줄 아는가?

'죄'와 '의', '심판'에 대하여 우리를 책망하신다. 왜냐하면 그곳에서 우리를 건져내야 승리할 수 있고, 하나님의 영광을 보기 때문이다! 죄인이 편안하게 앉아서 들을 수 있는 설교는 미안하고 죄송하지만 예수님이 하는 설교가 아니다! 주님의 설교를 들을 때 교만한 바리새

인들은 속이 뒤집어져서 견딜 수 없었다. 주님의 말씀은 허접한 세상의 탐욕으로 똘똘 뭉친 죄인들이 듣기에 부끄러워 낯을 들기 어려운 메시지였다!

귀신이 소리를 지르면서 가까이 오지 말라고 외칠 만큼 주님은 의로우신 빛으로 충만했다. 오늘 강단의 설교도 종이 인기를 얻는 메시지가 아니라 그 메시지를 주시는 주님의 사랑과 거룩이 여과 없이 흘러가는 메시지여야 한다.

주님의 나라는 눈치를 보는 나라가 아니다. 여기저기 세상에 빌붙어서 밥이나 얻어먹는 그런 나라가 아니다. 습해서 쾌쾌한 냄새가 나는 상가건물 지하실에 몇 안 되는 보잘것없는 성도들과 앉아 있는 교회라 해도 이 교회는 하나님의 교회다. 음부의 세력과 세상의 화려함이 아무리 덮어놓으려고 해도 결국 그 빛을 사라지게 할 수 없는 하나님의 영광스러운 교회다.

아무리 초라한 질그릇일지라도 복음 되신 그리스도를 담을 수 있다. 그분은 영원히 천사와 온 피조 세계와 모든 만물이 다 엎드려 경배하고 찬양해야 할 영광의 주님이시다. 주님은 우리에게 다시 복음 앞에, 오직 성경으로 돌아가자고 말씀하신다.

우리의 힘으로 전쟁하려고 하면 끝장난다. 아무리 선한 결심을 했다고 해도 이 영적 세계의 비밀을 모르면 우리의 모든 눈물겨운 노력은 허탕이라는 사실을 굳이 내일까지 살아보지 않아도 알 수 있다.

오늘 문을 열고 나가면 끝이다. 우리의 싸움은 혈과 육에 대한 것이 아니라는 사실을 분명히 알아야 한다. 복음으로 살고 성경으로 산다는 것은 우리가 건전한 교리를 하나 정도 받고, 도덕적으로 열심히 마음의 각오를 하고 살겠다는 말이 아니다.

영적인 두 세계 안에서 벌어지는 우주의 대전쟁 속에서 우리는 태도를 분명히 해야 한다. 나 하나 겨우 살아남아 간신히 죄 안 짓고, 교회생활하는 정도의 사람으로 세운 것이 아니다. 역사의 운명을 판가름하는 거룩하고 위대한 예수 그리스도의 전쟁에 초대한 것이다.

끝으로 너희가 주 안에서와 그 힘의 능력으로 강건하여지고 마귀의 간계를 능히 대적하기 위하여 하나님의 전신갑주를 입으라 엡 6:10,11

이제는 우리가 복음을 받았다는 것이 감상적으로 내 안에 잠간 평안을 누린다는 말이 아님을 안다. 이것은 국적을 옮긴 일이요, 출애굽보다 더 어마어마한 일이요, 개인 변화의 체험 정도가 아니라 악에 속한 사탄의 왕국을 향하여 도전장을 내미는 일이다.

신분과 존재, 소속이 바뀌고 당신 안에 있는 능력의 원천이 바뀐다. 당신이 스스로를 어떻게 생각하든 상관없이, 사탄의 진영에서 난리가 났다. 사탄은 지금 전면전을 치르려고 완전군장을 하며 당신에게 다가올 것이다.

어둠이 물러가는 때

복음과 상관없고, 성경과 상관없는 삶을 사는 사람은 사탄이 끌고 다니기 때문에 경계를 하지 않는다. 그렇지만 태도를 분명히 하고 십자가의 복음을 실제로 받아들이면 사탄이 긴장한다. 이를 꽉 깨물고 죽기로 결심하면 내 안에 계신 성령께서 오직 진리로만 살게 하시기 때문이다.

"말씀만 먹고 살겠다!"

단호하게 결정을 내리는 순간 우리의 존재 자체가 변한다. 어두운 예배당의 전깃불을 확 꺼버리면 캄캄해진다. 그런데 놀랍게도 칼을 들고 쫓아내거나 발악하지 않아도 빛이 비춰지는 순간, 건물 안에 있는 모든 어둠이 죽어버리고 마는 것이다.

그러니까 이 세상에서 어둠의 권세인 사탄이 가장 두려워하는 것은 권력자나 대단한 신학자가 아니다. 복음이 실제가 되고, 생명으로 십자가와 부활이 나의 운명이 된, 진리로만 살겠다고 하는 바로 하나님의 편에 선 사람이다.

영혼의 불이 켜지는 순간, 주님의 보혈로 씻겨져 우리가 진리 편에 서면 우리 존재 자체가 빛이 된다. 이때 어둠이 가만히 있지 않는다. 어떻게 하든지 빛을 가리고 덮으려 난리를 칠 것이다. 성경은 우리에게 이렇게 말한다.

우리의 씨름은 혈과 육을 상대하는 것이 아니요 통치자들과 권세들과 이 어둠의 세상 주관자들과 하늘에 있는 악의 영들을 상대함이라 그러므로 하나님의 전신갑주를 취하라 이는 악한 날에 너희가 능히 대적하고 모든 일을 행한 후에 서기 위함이라 엡 6:12,13

우리가 싸우는 것은 혈과 육에 대한 싸움이 아니다. 이제 혈과 육에 대한 싸움은 끝내야 한다. 우리의 육체적인 연습, 단련만 가지고 되는 것이 아니다. 세상과 눈앞에 보이는 사람을 향해 싸움을 해서는 안 된다.

유행을 따라 세상의 세력과 외적인 영향력을 쓰는 데는 이 세상의 신, 어둠의 주관자가 능하다. 머리 굴리고 통밥 굴리고 세상과 야합하며 여론을 모으는 데는 사탄이 전공자다. 이것에 맞서는 법은 혈과 육으로 오는 그에게 배후의 영적 세력의 정수리를 치는 것이다. 우리의 공격 포인트가 정확해야 한다.

영적인 존재인 사탄에게 발판을 내주었던 정리되지 않은 나의 삶, 나의 사상, 가치관, 더러운 성질, 구질구질한 습관들을 하나님의 복음 앞에 온전하게 내어드려야 한다. 이제는 나의 삶의 주인을 분명히 하고, 구석구석 모든 곳에 확실하게 깃발을 바꿔서 꽂아야 할 때가 왔다! 무질서한 당신의 삶을 당장 정리하라!

놀라운 것은 사탄이 속이는 자요, 거짓말하는 자라는 것이다. 하나님의 말씀으로 하나님의 말씀을 빼앗아간 '속이는 놈'이라는 사실을 기억해야 한다. 하나님의 말씀을 가지고 당신의 영혼을 노략질하는 무서운 사탄의 음모가 존재한다는 사실을 기억해야 한다.

역사 속에 살아 계신 하나님

우리나라의 부흥의 원조라고 생각되는 영국의 웨일즈 부흥은 관념이나 신학이 아니라 '살아 계신 하나님'을 역사 속에서 확실하게 보여줬다. 그러자 몇 주만에 십만 명이 회심하고 돌아왔다.

그런데 여기서 꼭 기억하고 주의해야 할 점이 있다! 성령의 부흥의 역사가 일어나고, 하나님의 실존이 확실하게 드러나면 사탄이 파업하고 도망가겠는가? 천만의 말씀이다. 사탄이 그 현장에서 맞불 놓고 펄펄 뛴다는 것을 생생히 보여준 것이 웨일즈 부흥이었다.

웨일즈 부흥의 불길이 오래가지 못하고 꺼진 이유 가운데 하나는 하나님에 관해 문외한이었던 사람들이 진리를 분별하지 못해서다. 하나님의 강권적인 역사를 통하여 마음이 열리고 나니까 일단 초월적인 역사로 보이면 무조건 엎어지는 것을 사탄이 이용한 것이다. 사탄이 초월적인 역사도 얼마든지 이용한다는 사실을 잊지 말라.

사탄은 광명의 천사로 위장할 수 있는 능력을 가졌다. 성령의 역사도 모방하고, 부흥도 이용한다. 심지어는 십자가의 복음을 가지고도 사기를 친다. 그러므로 광명의 천사로 가장하고 하나님의 사역

자라는 이름도 이용할 수 있다. 성령의 능력도 위조할 수 있고, 복음으로도 사기를 친다.

인간성이 우리를 타락하게 만든 게 아니다. 사실은 이 배후의 사탄의 세력이 우리를 사로잡아서 우리를 하나님과 원수 노릇하도록 존재적으로 죄 장아찌요, 본질상 진노의 자식으로 만든 것이다.

성경은 영적인 것을 말한다. 가장 근원적인 이유는 환경이나 상처, 다른 이유 때문이 아니다. 바로 허물과 죄로 죽어서 하나님과 영원히 분리되어 끊어진 우리의 영혼을 불순종의 아들들 가운데 역사하는 영이 사로잡은 것이다. 그러므로 하나님의 영적인 구원의 역사는 에덴동산의 타락의 원인이었던 사탄의 저주에서 우리를 건져내는 것이다.

구원의 역사는 복음의 논리에 동의하는 것을 말하는 게 아니다. 실제로 사탄의 역사에서 우리를 건져내신 것이다. 그것은 사탄의 머리를 깬 복음의 능력이다. 그의 머리가 깨져 우리에 대한 권세가 완전히 사라져 우리를 묶고 있던 저주와 속박이 끊어졌다. 이것은 십자가의 복음으로만 그 비밀이 밝혀진다. 그 복음 안에 온전히 믿음으로 화합하여 십자가의 복음의 능력을 내 것으로 받아들여야 한다.

예수님이 십자가에 못 박혀 죽을 때 사탄에게 종노릇하던 나의 병든 자아는 죽었고, 이제는 내가 아니요, 오직 내 안에 부활하신 그리스도가 나의 생명의 실제가 되었다. 기존에는 나의 사상과 감정, 나의 의지와 손가락 발가락 등 나의 모든 것을 가리켜 '나'라고 했다.

그렇지만 주님이 나의 모든 것이 되면, 머리끝에서부터 발끝까지 나의 시간과 계획, 모든 상황의 주인이 주님이 되셔야 한다.

교회에 나와 예배하고 사역할 때만 주님이 되시는 건 아니다. 무엇인가 선택할 때 주님께 물어볼 것도 없이 자신의 탐욕과 정욕과 야망을 따라 선택해놓고 도와달라고 하는 것은 하나님을 도우미로 전락시키는 것이다.

그분은 우리의 왕이셔야 한다. 예수님은 나의 왕, 나의 주인이셔야 한다. 나의 입술의 주인이 되셔야 하고, 내가 보는 모든 것의 주인이셔야 한다. 그러므로 주님께서 이 저주받을 운명에서 우리를 건져주시는 죄인의 구원도 사실은 영적인 일이라고 성경은 분명히 말하고 있다.

그는 허물과 죄로 죽었던 너희를 살리셨도다 그때에 너희는 그 가운데서 행하여 이 세상 풍조를 따르고 공중의 권세 잡은 자를 따랐으니 곧 지금 불순종의 아들들 가운데서 역사하는 영이라 전에는 우리도 다 그 가운데서 우리 육체의 욕심을 따라 지내며 육체와 마음의 원하는 것을 하여 다른 이들과 같이 본질상 진노의 자녀이었더니 엡 2:1-3

병든 자아의 주인 노릇을 하는 자

윤리, 도덕의 문제가 아니라 우리의 영이 완전히 사탄의 권세 아래

묶였다. 그러자 본질상 마귀의 짓을 하도록 나의 병든 자아가 완전하게 사로잡혔다. 단순히 예배 시간에만 방해하는 것을 말하는 것이 아니라 주를 위해 일한다고 할 때도 여전히 야욕에 차서 나의 명예를 구하게 한다.

한번은 연합집회에 가서 이상한 얘기를 들었다. 주의 일을 하면서 교회를 소개하는 인쇄물에 자기 이름이 먼저 나와야 하는데 옛날 자료를 잘못 프린트하는 바람에 뒷줄에 나왔다고 화를 낸다는 것이었다. 거룩하신 목사님들이 모인 자리에서 왜 그렇게 서열이 중요하고 훌륭한 대접을 받아야만 하는지 안타깝다.

천국과 지옥이 존재하고 영원하신 그리스도의 핏값으로 생명 쏟아 우리를 구원한 것이 사실이면, 잠깐 스쳐가는 생각에도 미안하고 죄송해서 얼른 회개하고 무릎을 꿇을 수밖에 없다. 사소한 일은 영적인 것과 상관없다고 생각하는가? 아니다. 절대로 그렇지 않다.

사탄이 나의 병든 자아의 주인 노릇을 할 때는 우리의 머리털 하나, 눈빛 하나, 손끝 하나까지 영향을 미친다. 그래서 존재적 죄인이 병든 자아의 종노릇하며 사는 삶은 다 악한 것이다. 십자가의 복음만이 무서운 원수 사탄에게 종노릇하던 우리를 죄에서 건져 하나님의 아들의 영광의 나라로 옮긴다.

애쓰고 울며 몸부림치면서 약간 개선시키고 모양을 흉내 낸다고 해도 존재의 중심이 바뀌지 않고 생명이 없으면, 기독교적인 모든 노력은 아무 도움이 되지 않는다. 이것은 남을 볼 것도 없이 자기 자신만 봐도 안다.

십자가밖에는 소망이 없다. 십자가의 복음은 나와 당신을 지금도 이천 년 전 그 십자가에서 사탄의 권세를 박살내고 모든 영향력을 끊어버린 주님의 능력이다. 십자가의 죽음의 능력이 우리 삶의 구석구석에 성령으로 역사하여 진리를 깨닫게 한다. 우리의 죽음을 십자가로 넘기게 하셔서 믿음으로 취하게 하시고 나에 대하여는 죽고 하나님께 대하여는 산 자로 여기게 하신다. 로마서 말씀을 주목하라.

이는 그리스도 예수 안에 있는 생명의 성령의 법이 죄와 사망의 법에서 너를 해방하였음이라 롬 8:2

육신을 따르는 자는 육신의 일을, 영을 따르는 자는 영의 일을 생각한다. 이 둘은 원수가 되어서 서로 누구도 누구에게 결코 복종하지 않는다. 그러므로 우리 안에 그리스도의 영이 계시지 않으면 우리는 그리스도의 사람이 아니다!

거듭난 자의 단순한 삶

거듭난 사람, 복음이 실제가 된 사람들의 삶의 비결은 단순하다. 그것은 진리의 영이신 성령께서 말씀을 사모하게 하고, 깨닫게 하시며, 사랑하게 하셔서 말씀대로 살도록 이끄실 때 순종하는 것이다.

사람이 식욕이 있어서 먹지 않으면 육체가 못 사는 것처럼 성령이 우리 안에 오시면, 우리는 인간의 말로는 진정한 위로를 얻을 수 없고, 참평안을 누릴 수 없으며, 영혼의 목마름을 해결할 수 없다.

거듭나서 성령의 인도를 받으며 은혜를 알기 시작하면 그때부터 우리는 하나님의 말씀, 생명의 진리를 구하게 되어 있다. 말씀을 받고 순종할 때 우리 영혼에 평안과 기쁨이 넘쳐나기 때문이다. 주님의 뜻에 순종하지 않고 믿음으로 살지 않을 때, 성령님을 근심하게 하며 견딜 수 없게 만든다.

진리의 주님과 동행하는 일이 가능하도록 만든 이 일도 영적인 일이다. 육체의 욕심을 따라 지내는 것은 그냥 육체의 욕심이 아니요, 육체의 욕심을 발판 삼아서 미끼로 휘둘러대는 저주받을 사망의 세력이 우리를 죄 가운데로 끌고 가는 것이다. 그러므로 죄와 사망의 법에서 생명의 성령의 법으로 우리를 구원해내신 주님 앞에 생명으로 나아가길 바란다.

성경에서 하나님이 7년 풍년을 그냥 주신 게 아니다! 7년 풍년의 시간을 어떻게 보내느냐가 그들에게 찾아오는 가공할 만한 흉년 7년을 살아내느냐, 멸망하느냐를 결정짓는 운명의 키가 되었다.

마찬가지로 한국 교회에 주신 이 어마어마한 축복, 우리에게 안겨주신 기적적인 성경과 다시 복음 앞에 서게 하는 은혜를 받고 풍성한

7년 동안 우리가 무엇을 선택하느냐가 이후의 삶을 결정한다. 반드시 찾아올 역사의 종말의 때에 승리하고, 마지막 때에 발악하는 사탄의 세력을 이길 수 있는 힘을 준다.

자기 존재의 전부를 걸고 나아가라

우리 삶의 핵심은 무엇인가? 가장 중요한 것은 우리 영혼의 문제이다. 바로 하나님과의 관계이다. 하나님과 나와의 인격적인 관계가 살아 있는 것이 중요하다.

나는 인애를 원하고 제사를 원하지 아니하며 번제보다 하나님을 아는 것을 원하노라 호 6:6

하나님은 예배의식, 건물, 성가대의 화려함이 아닌, 온 마음을 다한 우리의 중심을 원하신다.

'나는 네가 가져오는 번제물이나 예배의식보다 너를 원한다.'

주님은 내 존재 전체로 주님을 사랑한다고 말할 수밖에 없는 마음을 우리 안에서 회복시키길 원한다. 그분은 우리의 깨어진 마음을 회복시키실 수 있다. 쏟아지는 물 같은 우리 마음을 채우실 수 있다.

성령이 우리 마음을 만져주시면, 가슴으로 주님을 사랑한다는 고백을 다시 세우고 입술로 고백할 수 있다. 그러면 자연스럽게 이 땅은 변한다.

하나님의 제단에서 흘러나온 생수의 강이 생명수가 되어 우리 심령을 적시면, 우리가 닿는 모든 곳이 강으로 변하고 바다로 변할 수 있다. 주님이 우리 영혼을 회복시켜주시면, 하나님의 생명이 살아나는 일들이 생긴다.

이 강물이 이르는 곳마다 번성하는 모든 생물이 살고 또 고기가 심히 많으리니 이 물이 흘러 들어가므로 바닷물이 되살아나겠고 이 강이 이르는 각처에 모든 것이 살 것이며 겔 47:9

주님의 핏값으로 산 내 생명을 드립니다

내가 아는 병원 원장이 자신의 아들을 초등학교 6학년 때 인도 캘커타에 선교사로 보냈다. 그전에도 부부가 늘 선교사님들을 위해 중보기도를 했었지만, 선교 현지에 직접 자식을 보내놓고 나니 기도가 더 애절해졌다. 15년이 넘도록 지금까지 자식을 보내놓은 어미의 심정으로 매일 밤, 눈물 마를 날 없이 선교 현장을 위해 기도하고 있다. 자신의 자녀를 걸어놓고 하는 기도야말로 자기 존재의 전부를 걸지 않을 수 없는 일이다.

우리도 생애 가운데 가장 소중한 것의 소유권을 주님 앞으로 이전시켜야 한다. 그것이 생명일지라도 주님께 넘겨야 한다.

'주님! 내 생명은 주님의 것입니다. 기꺼이 주님께 드립니다.'

주님께 우리 자신을 드리면, 그분의 마음을 직접 우리에게 부어주신다. 결정하지 않은 마음, 두 마음을 품고 있는 사람에게 주님의 마음이 경험될 수 없다. 이제 최후의 결단을 해야 한다. 더 이상 미룰 수 없다.

지금까지 신앙생활했지만 당신의 삶 가운데 그리스도가 어떤 분이셨는가? 주님은 나의 일부분, 한구석이 되실 수 없다. 주님이 십자가에 죽을 때 내가 함께 죽어야 할 죄인임을 인정하고, 이제 돌이켜 주님을 나의 생명으로 받아야 한다. 내가 주와 함께 죽고, 내 안에는 오직 주님만이 사셔야 한다.

사람이 마음으로 믿어 의에 이르고 입으로 시인하여 구원에 이르느니라 롬 10:10

영혼의 상태를 속일 수 없다. 주님 앞에 진정으로 나올 때 주님을 진정 생명으로 받아야 한다. 십자가는 나의 부담스런 죄책감을 넘기는 감상용 도구가 아니다. 오늘 우리는 주님 앞에 결단해야 한다.

'주님, 당신을 나의 생명의 전부로 받아들입니다. 이제부터 영원까지 내 생명, 내 주가 되시옵소서.'

이제 주님의 사랑이 내 삶을 이끌어가는 삶을 살아야 한다. 지금까지 주님으로부터 눈길을 빼앗겼던 것을 구체적으로 내어드려야 한다. 굳어진 마음, 병든 마음을 고쳐달라고 매달려야 한다. 주님과 같이 우리의 마음을 만질 수 있는 분은 없다. 내 마음을 팔았던 두 마음을 새롭게 해달라고 기도해야 한다.

'오, 주님! 제 마음을 결정하오니, 새롭게 하여 주옵소서. 당신만이 제 생애의 전부가 되기를 원합니다. 저의 생명, 저의 구주가 되어주옵소서. 당신의 보혈로 사신 저의 모든 것, 이 생명이 주님의 것이오니 주님께 드립니다. 주님 받아주옵소서.'

진리가 결론되게 하라

초판 1쇄 발행	2014년 11월 3일		
초판 8쇄 발행	2019년 10월 28일		
지은이	김용의		
펴낸이	여진구		
편집	김아진, 안수경, 이영주, 최현수, 김윤향		
책임디자인	마영애, 노지현		
기획·홍보	김영하	해외저작권	기은혜
마케팅	김상순, 강성민, 허병용	마케팅지원	최영배, 정나영
제작	조영석, 정도봉	경영지원	김혜경, 김경희

이슬비전도학교	최경식, 전우순	303비전성경암송학교	박정숙
303비전장학회 & 303비전꿈나무장학회	여운학		

펴낸곳 규장

주소 06770 서울시 서초구 매헌로 16길 20(양재2동) 규장선교센터
전화 02)578-0003 팩스 02)578-7332
이메일 kyujang0691@gmail.com 홈페이지 www.kyujang.com
페이스북 facebook.com/kyujangbook 인스타그램 instagram.com/kyujang_com
카카오스토리 story.kakao.com/kyujangbook
등록일 1978.8.14. 제1-22

ⓒ 저자와의 협약 아래 인지는 생략되었습니다.
이 출판물은 저작권법에 의해 보호를 받는 저작물이므로 무단 전재와 무단 복제를 할 수 없습니다.

책값 뒤표지에 있습니다.
ISBN 978-89-6097-379-4 03230

이 도서의 국립중앙도서관 출판시도서목록(CIP)은 서지정보유통지원시스템 홈페이지(http://seoji.nl.go.kr)와
국가자료종합목록구축시스템(http://www.nl.go.kr/kolisnet)에서 이용하실 수 있습니다.
(CIP제어번호 : CIP2014030955)

규 | 장 | 수 | 칙

1. 기도로 기획하고 기도로 제작한다.
2. 오직 그리스도의 성품을 사모하는 독자가 원하고 필요로 하는 책만을 출판한다.
3. 한 활자 한 문장에 온 정성을 쏟는다.
4. 성실과 정확을 생명으로 삼고 일한다.
5. 긍정적이며 적극적인 신앙과 신행일치에의 안내자의 사명을 다한다.
6. 충고와 조언을 항상 감사로 경청한다.
7. 지상목표는 문서선교에 있다.